DAS XXL FUSSBALL EM 2024 BUCH: UNNÜTZES WISSEN & KURIOSE FAKTEN ZUR FUSSBALL EM 2024

Spielpläne, lustiges Fußball-Quiz, Rekorde & Peinliche Pannen | Fussball Geschenke Jungen

Maximilian Feldmann

ISBN: 9798321782347

INHALTSVERZEICHNIS

VORWORT

Willkommen zum ultimativen Begleiter durch das Fußballspektakel des Jahres – die Europameisterschaft 2024, die in keinem geringeren Land als Deutschland stattfindet! Ja, richtig gehört, nach einem spannenden Vierteljahrhundert seit der EM 1988 und dem ersten Mal seit der Wiedervereinigung rollt der Ball wieder durch Deutschlands Stadien. Und nicht irgendwelche Stadien, sondern zehn der beeindruckendsten Arenen, die unsere Fußballnation zu bieten hat. Von Berlin bis München, von Hamburg bis Stuttgart – überall in Deutschland wird das runde Leder im Mittelpunkt stehen.

Die EM 2024 ist aus vielen Gründen etwas ganz Besonderes, aber einer sticht besonders hervor: Deutschland, das Land der Weltmeister von 2014 und dreifachen Europameister, ist wieder Gastgeber! Das bedeutet nicht nur, dass wir die Ehre haben, Teams und Fans aus ganz Europa willkommen zu heißen, sondern auch, dass unsere eigene Mannschaft, die Nationalmannschaft, zum 14. Mal in Folge – und das seit dem Jahr 1972 – bei einer EM dabei ist. Ohne die Hürde der Qualifikation, aber mit der riesigen Verantwortung und der noch größeren Begeisterung, als Gastgeberland aufzutreten.

Aber was macht die EM 2024 so einzigartig? – Nun, neben dem Fußball, der uns alle verbindet, sind es die Geschichten, die in Städten wie Köln, Dortmund, Düsseldorf und den anderen Spielorten geschrieben werden. Und dann ist da noch die Sache mit den „Regierungsgarantien" – klingt trocken, bedeutet aber, dass sich unser ganzes Land, von der Bundesregierung bis zu jedem einzelnen Fußballfan, zusammentut, um ein unvergessliches Turnier zu gewährleisten. Von Sicherheit über Antidoping bis hin zu Visa und Arbeitserlaubnissen, Deutschland stellt sicher, dass die Rahmenbedingungen perfekt sind, damit der Fußball im Mittelpunkt steht. So steht die EM 2024 nicht nur für Spitzenfußball, sondern auch für die Einheit und die Freude, die dieses wunderbare Spiel in uns allen weckt. Lasst uns gemeinsam lachen, jubeln und vielleicht auch ein wenig weinen, wenn unsere Herzen im Takt des Spiels schlagen. Denn eins ist sicher: Die EM 2024 wird ein Turnier, das wir alle nicht so schnell vergessen werden. Freut euch mit uns auf dieses großartige Fußballfest!

Nachdem wir die Bühne für dieses außergewöhnliche Turnier bereitet haben, ist es nun an der Zeit, das Rampenlicht auf einen ganz besonderen Protagonisten zu richten: den neuen EM-Ball, liebevoll „Fußballliebe“ getauft. Vorgestellt an einem kühlen Novembermittag, wurde dieser Ball nicht nur zu einem Symbol für die anstehende Europameisterschaft, sondern auch zu einem Botschafter für technische Innovation und designästhetische Revolution im Fußballsport. Julian Nagelsmann, der visionäre Trainer der deutschen Nationalmannschaft, Philipp Lahm, der erfahrene Kapitän, und Manuel a, unser Weltklasse-Torwart, gehörten zu den Ersten, die diesen Ball nicht nur in den Händen hielten, sondern seine einzigartigen Eigenschaften auf dem Spielfeld testen durften. Ihre erste Begegnung mit „Fußballliebe“ war mehr als nur ein Moment; es war der Beginn einer neuen Ära, in der Technologie und Tradition auf dem Rasen verschmelzen. Die „Connected Ball Technology“, eine absolute Neuheit für den Turnierfußball, ist dabei das Herzstück. Ausgestattet mit einem Bewegungssensor und einem innovativen Chip, ermöglicht dieser Ball eine neue Dimension der Spielanalyse. Die Technologie liefert Echtzeitdaten direkt an das Schiedsrichterteam, was präzisere Entscheidungen in Sekundenschnelle erlaubt – ein wahrer Gamechanger, der faire Spiele auf ein neues Niveau hebt. Doch nicht nur in technischer Hinsicht setzt „Fußballliebe“ Maßstäbe. Sein Design bricht mit Traditionen und schlägt eine Brücke in die Zukunft. Statt der bekannten schwarzen Sechsecke zieren nun schwarze Dreiecke den weißen Untergrund, ein Design, das sowohl die zehn EM-Stadien in Deutschland umfasst als auch eine Hommage an die Dynamik und die geometrische Präzision des Fußballs darstellt. Die Farben Rot, Grün, Orange und Blau leuchten nicht nur in den Farben des Turniers, sondern symbolisieren auch die Vielfalt und Lebendigkeit der teilnehmenden Nationen und Fans.

Und da fällt auch schon das nächste Stichwort »Vielfalt«. Dieses Turnier geht weit über die bloße Ausrichtung von Fußballspielen hinaus; es setzt gezielt Programme und Initiativen um, die darauf abzielen, ein nachhaltiges Vermächtnis zu hinterlassen, das die Kraft des Sports nutzt, um gesellschaftliche Veränderungen voranzutreiben. Die Organisatoren haben fünf Schlüsseldimensionen festgelegt, um eine nachhaltige Veranstaltung zu gewährleisten: Umwelt, Vielfalt und Inklusion, Solidarität, Good Governance sowie Gesundheit und Wohlbefinden. Diese Dimensionen decken ein breites Spektrum ab, von der Reduzierung des ökologischen Fußabdrucks bis hin zur Förderung eines inklusiven und diskriminierungsfreien Umfelds für alle Teilnehmenden. Ein zentrales Ziel ist es, den CO_2-Fußabdruck des Turniers zu minimieren. Dies umfasst die Förderung nachhaltiger Mobilität für Fans, Teams und Mitarbeiter, den Einsatz erneuerbarer Energien zur Versorgung der Veranstaltungsorte und die Reduzierung des Verbrauchs von Energie und Wasser. Darüber hinaus legt die EM 2024 großen Wert auf eine nachhaltige Beschaffungspolitik, die lokale und umweltfreundliche Produkte bevorzugt, sowie auf eine effektive Abfallwirtschaft, die das Aufkommen von Müll reduziert und Recycling fördert. Die Bemühungen um CO_2-Neutralität durch die Kompensation unvermeidbarer Emissionen stellen einen weiteren wichtigen Baustein dar. Neben dem Umweltschutz ist die Förderung von Vielfalt und Inklusion ein weiteres Hauptanliegen der EM 2024. Das Turnier soll ein Zeichen gegen Diskriminierung setzen und sicherstellen, dass Menschen aller Hintergründe teilnehmen und sich einbringen können. Maßnahmen zur Vorbeugung von Diskriminierung und zur Gewährleistung der Barrierefreiheit für Menschen mit Behinderung sind ebenso Teil dieses Engagements wie die Schaffung eines inklusiven Arbeitsumfelds, das die Vielfalt der Gesellschaft widerspiegelt. Darüber hinaus zielt die EM 2024 darauf ab, Fans als Botschafter für Nachhaltigkeit zu gewinnen und sie zu inspirieren, sich aktiv für eine grünere und gerechtere Welt einzusetzen.

Von der wichtigen Rolle, die die EM 2024 bei der Förderung von Nachhaltigkeit, Vielfalt und Inklusion spielt, wenden wir uns nun einer anderen Facette zu, die das Herz jedes Fußballfans höherschlagen lässt – dem unvergleichlichen Fan-Erlebnis.

Die offizielle App zur EURO 2024 ist das Tor zu einer neuen Dimension des Fan-Erlebnisses. Mit dieser App wird kein Anhänger auch nur einen Moment der Action verpassen. Von Live-Updates im Minutentakt über alle Spiele bis hin zu personalisierten Newsfeeds über die Teams, die dir am Herzen liegen – die App sorgt dafür, dass du immer auf dem Laufenden bist. Dank der Push-Benachrichtigungen in Echtzeit erlebst du jedes Tor, jeden Wechsel und jede wichtige Entscheidung, als wärst du direkt im Stadion. Die Möglichkeit, den kompletten Spielplan zu durchstöbern, aktuelle Live-Ergebnisse einzusehen und detaillierte Statistiken zu jedem Team und Spieler zu erhalten, macht die App zum unverzichtbaren Begleiter für jeden Fußballfan. Aber die App geht noch weiter: Exklusive Einblicke hinter die Kulissen, Spielerinterviews und Expertenanalysen von ehemaligen Spielern bringen dich deinen Fußballhelden so nah wie nie zuvor.

Für die Fans, die das Glück haben, die Spiele live in Deutschland zu erleben, wird die App noch wertvoller. Mit dem persönlichen Fan Pass und den Informationen zu ermäßigten Reisen am Spieltag wird das Fan-Erlebnis noch sorgenfreier und angenehmer. Detaillierte Stadtpläne und Informationen zu Veranstaltungen in den Fan-Zonen sorgen dafür, dass du immer weißt, wo die nächste spannende Aktivität stattfindet.

Während die offizielle App zur EURO 2024 dafür sorgt, dass Fans rund um den Globus keine Sekunde der Action verpassen, bietet die EM 2024 für diejenigen, die das Spektakel live erleben, noch eine weitere aufregende Dimension. Viele der Austragungsorte haben sich einer umfassenden Modernisierung unterzogen, die darauf abzielen, den Zuschauern ein unvergleichliches Erlebnis zu bieten. Mit der Kombination aus der allumfassenden App und den modernisierten Stadien legt die EURO 2024 den Grundstein für ein Turnier, das in jeder Hinsicht außergewöhnlich ist. Diese Europameisterschaft setzt nicht nur neue Standards in Bezug auf Technologie und Fanerlebnisse, sondern zelebriert auch den Fußball in einer Weise, die den Sport und seine Anhänger in den Mittelpunkt stellt. Durch die Modernisierung der Austragungsorte und die Bereitstellung innovativer digitaler Tools beweist die EM 2024, dass die Zukunft des Fußballs hier ist und alle Fans, egal wo sie sind, Teil dieser aufregenden Reise sein können.

Aber genug der trockenen Informationen, werfen wir doch gleich einen Blick auf die Austragungsorte, die Helden des Rasens und die Spielpläne!

TEIL I

AUF DEM WEG ZUM RUHM: AUSTRAGUNGSORTE, TEAMS UND SPIELPLÄNE

VON BERLIN bis MÜNCHEN

EINE REISE DURCH DIE FUSSBALLSTÄDE

BERLIN

Zahlen, bitte! Die beeindruckende Mathematik hinter Berlin

Berlin, eine Stadt, die Geschichte und Moderne, Kultur und Fußball wie keine andere verschmilzt. Wusstest du, dass Berlin über 3,7 Millionen Einwohner zählt und damit nicht nur die größte Stadt Deutschlands ist, sondern auch eine größere Bevölkerung als manche Länder Europas hat? Sie erstreckt sich über beeindruckende 891 Quadratkilometer – genug Raum, um alle EM-Fans unterzubringen, sollte es nötig sein. In dieser Stadt finden sich 175 Museen – fast so, als gäbe es für jeden Tag des Jahres ein anderes Museum zu erkunden, während du auf das nächste Spiel wartest. Berlin hat mehr Brücken als Venedig – ganze 1700, um genau zu sein. Stell dir vor, wie viele Selfie-Spots das ergibt! Aber nicht nur das: Berlin ist grün. Mit über 2.500 Parks und Gärten, die zusammen eine Fläche von rund 5500 Hektar bedecken, bietet die Stadt reichlich Platz für Fußball-Picknicks und entspannte Tage zwischen den Spielen. Das Herzstück, das Olympiastadion, ist nicht nur eine architektonische Meisterleistung mit einer Kapazität für 74.475 Zuschauer, sondern auch ein Ort, an dem Fußballgeschichte geschrieben wurde und wird. Es war Schauplatz legendärer Spiele und wird bei der EM 2024 wieder im Mittelpunkt stehen. Berlin ist auch eine Stadt der Innovation – es gibt mehr Start-ups pro Kopf als Fußbälle in einem Jugendfußballtraining. Kurzum, Berlin ist nicht nur eine Stadt, die man besucht, sondern eine Erfahrung, die sich in Zahlen kaum fassen lässt. Doch eines ist sicher: Zur EM 2024 wird sie die Bühne für unzählige unvergessliche Momente sein.

10 FUSSBALLFAKTEN, DIE BERLIN EINZIGARTIG MACHEN

Das Olympiastadion Berlin, Austragungsort vieler denkwürdiger Fußballmomente, wurde für die Olympischen Spiele 1936 erbaut und ist heute eines der eindrucksvollsten Stadien Europas, das regelmäßig als Kulisse für internationale Fußballereignisse dient.

Hertha BSC, der Hauptstadtclub, wurde 1892 gegründet und gehört zu den Gründungsmitgliedern der Bundesliga. Seine tief verwurzelte Geschichte spiegelt die Fußballleidenschaft der Stadt wider.

Das Olympiastadion war Schauplatz des legendären FIFA-Weltmeisterschaftsfinales 2006 zwischen Italien und Frankreich – ein Spiel, das in die Fußballgeschichte einging, nicht zuletzt wegen Zidanes berüchtigtem Kopfstoß.

Berlin war Gastgeber des allerersten Endspiels der UEFA Champions League in der Saison 2014/2015 nach der Umbenennung des Europapokals der Landesmeister, bei dem der FC Barcelona Juventus Turin besiegte.

Berlin bietet jedes Jahr das Finale des DFB-Pokals, Deutschlands prestigeträchtigstem Pokalwettbewerb, und verwandelt die Stadt in ein Mekka für Fußballfans aus ganz Deutschland.

Die Stadt beheimatet den 1. FC Union Berlin, einen Club, der für seine einzigartige Fan-Kultur bekannt ist. Fans halfen einst finanziell und physisch beim Ausbau des Stadions An der Alten Försterei, ihrem Heimatgrund.

Das Berliner Derby zwischen Hertha BSC und dem 1. FC Union Berlin ist eines der leidenschaftlichsten Duelle im deutschen Fußball, bekannt für seine elektrisierende Atmosphäre.

In keiner anderen deutschen Stadt gibt es eine so große Vielfalt an Fußballkulturen, mit über 1.500 Fußballmannschaften, die in verschiedenen Ligen spielen, was Berlin zum Herzen des Amateurfußballs in Deutschland macht.

Das Olympiastadion hat eine der größten Zuschauerkapazitäten in Deutschland, mit über 74.000 Sitzplätzen, was es zu einem beeindruckenden Schauplatz für Großveranstaltungen macht.

Berlins Fußballgeschichte ist auch außerhalb der professionellen Ligen reichhaltig, mit dem Turnier „Berliner Straßenfußball-Liga", das jährlich stattfindet und Teams aus verschiedenen Stadtteilen zusammenbringt, um die Vielfalt und Leidenschaft für den Fußball in der Stadt zu zelebrieren.

QUIZ-TIME

TESTE DEIN WISSEN ÜBER BERLIN

1. **Was war ursprünglich der Zweck des Berliner Olympiastadions?**

- ☐ A) Fußballstadion für Hertha BSC
- ☐ B) Austragungsort der Olympischen Sommerspiele
- ☐ C) Konzertarena für große Musikveranstaltungen
- ☐ D) Treffpunkt für politische Versammlungen
- ☐ E) Königlicher Garten
- ☐ F) Flugplatz

2. **Welches berühmte Bauwerk befindet sich NICHT in Berlin?**

- ☐ A) Brandenburger Tor
- ☐ B) Kölner Dom
- ☐ C) Fernsehturm
- ☐ D) Reichstag
- ☐ E) Siegessäule
- ☐ F) Berliner Dom

3. **Wie viele Brücken gibt es in Berlin?**

- ☐ A) Etwa 200
- ☐ B) Etwa 500
- ☐ C) Etwa 700
- ☐ D) Etwa 1000
- ☐ E) Etwa 1400
- ☐ F) Etwa 1700

4. Welche Farbe haben die Sitzplätze im Olympiastadion Berlin?

- [ ] A) Rot
- [ ] B) Blau
- [ ] C) Gelb
- [ ] D) Grün
- [ ] E) Orange
- [ ] F) Lila

5. Wie heißt der größte Park in Berlin?

- [ ] A) Volkspark Friedrichshain
- [ ] B) Tiergarten
- [ ] C) Tempelhofer Feld
- [ ] D) Britzer Garten
- [ ] E) Mauerpark
- [ ] F) Treptower Park

6. Welches Event findet JÄHRLICH im Berliner Olympiastadion statt?

- [ ] A) Berlin Marathon
- [ ] B) Berlinale
- [ ] C) DFB-Pokalfinale
- [ ] D) Karneval der Kulturen
- [ ] E) Lange Nacht der Museen
- [ ] F) Fashion Week Berlin

7. Welches dieser Museen befindet sich NICHT auf der Berliner Museumsinsel?

- [ ] A) Pergamonmuseum
- [ ] B) Neues Museum
- [ ] C) Bode-Museum
- [ ] D) Deutsches Historisches Museum
- [ ] E) Alte Nationalgalerie
- [ ] F) Altes Museum

8. Was ist ein Berliner Pfannkuchen außerhalb Berlins bekannt als?

- ☐ A) Krapfen
- ☐ B) Donut
- ☐ C) Berliner
- ☐ D) Bagel
- ☐ E) Eclair
- ☐ F) Muffin

9. Wie viele Menschen passen ungefähr ins Olympiastadion Berlin?

- ☐ A) 25.000
- ☐ B) 35.000
- ☐ C) 45.000
- ☐ D) 65.000
- ☐ E) 75.000
- ☐ F) 95.000

10. In welchem Jahr fand die FIFA-Weltmeisterschaft im Olympiastadion Berlin statt?

- ☐ A) 1974
- ☐ B) 1986
- ☐ C) 1990
- ☐ D) 2006
- ☐ E) 2010
- ☐ F) 2014

ANTWORTEN AUFGEDECKT:
DAS BERLIN-QUIZ GELÖST

1. Richtige Antwort:
B) Austragungsort der Olympischen Sommerspiele

2. Richtige Antwort:
B) Kölner Dom

3. Richtige Antwort:
F) Etwa 1700

4. Richtige Antwort:
B) Blau

5. Richtige Antwort:
B) Tiergarten

6. Richtige Antwort:
C) DFB-Pokalfinale

7. Richtige Antwort:
D) Deutsches Historisches Museum

8. Richtige Antwort:
C) Berliner

9. Richtige Antwort:
E) ungefähr 75.000

10. Richtige Antwort:
D) 2006

DÜSSELDORF

Von Einwohnerzahl bis Zeitzone: Düsseldorf in Zahlen

Düsseldorf, die elegante Landeshauptstadt Nordrhein-Westfalens, überrascht mit einer facettenreichen Mischung aus Mode, Kunst und rheinischem Fußballherz. Mit knapp über 620.000 Einwohnern präsentiert sie sich als kosmopolitische Bühne der EM 2024, auf der nicht nur das runde Leder, sondern auch Kultur und Lebensart im Mittelpunkt stehen. Auf einer Fläche von 217 Quadratkilometern, durchzogen vom majestätischen Rhein, vereint Düsseldorf die Lebendigkeit einer Großstadt mit der Ruhe ausgedehnter Grünflächen und Parks, die zum Verweilen einladen. Düsseldorf ist berühmt für seine „Kö", die Königsallee, eine der luxuriösesten Einkaufsstraßen Europas, und die Altstadt, die oft als „längste Theke der Welt" bezeichnet wird. Doch in einem EM-Jahr rückt auch das Fußballerbe der Stadt in den Fokus. Die Merkur Spiel-Arena, mit einer Kapazität von über 54.000 Zuschauern, steht bereit, um Fußballgeschichte zu schreiben und Fans aus aller Welt zu empfangen. Dieses hochmoderne Stadion spiegelt Düsseldorfs Fähigkeit wider, Tradition und Moderne zu verbinden. Weniger bekannt, aber genauso faszinierend, ist Düsseldorfs Rolle als eine der grünsten Städte Deutschlands. Über 20 Parks und Gärten, darunter der Nordpark mit seinem japanischen Garten, bieten ideale Orte für ein entspanntes Spiel-Taktieren oder einfach nur, um die Seele zwischen den Matches baumeln zu lassen. Düsseldorf beherbergt nicht nur bedeutende Kunst- und Designinstitutionen wie die Kunstakademie und das NRW-Forum, sondern überrascht auch mit einer lebendigen Mikrobierszene, die in den Brauhäusern der Altstadt ihre Heimat hat. Hier lässt sich rheinische Lebensfreude hautnah erleben – vor und nach den Spielen. Während der EM 2024 wird Düsseldorf seine Gäste mit einer einzigartigen Mischung aus internationalem Flair und lokaler Gemütlichkeit empfangen. Die Stadt ist ein Beispiel dafür, wie Fußball Kulturen verbindet und Menschen zusammenbringt, sei es in den stilvollen Straßencafés, den lebhaften Galerien oder im pulsierenden Stadion. Düsseldorf ist bereit, der Welt zu zeigen, wie Fußballfest und Kulturerbe Hand in Hand gehen – eine Einladung, die man nicht ablehnen kann.

AUF DEM RASEN VON DÜSSELDORF

7 FAKTEN, DIE BEGEISTERN

Düsseldorf, eine Stadt, die oft für ihre kulturelle und modische Ausstrahlung gelobt wird, hat auch auf dem Fußballfeld viel zu bieten. Hier sind sieben Fußballfakten über Düsseldorf, die jeden Fan begeistern:

Die Merkur Spiel-Arena, Heimat des Fortuna Düsseldorf, ist nicht nur ein architektonisches Highlight, sondern auch eine Hochburg der Emotionen, die bis zu 54.600 Fans an Spieltagen beherbergt.

Fortuna Düsseldorf, gegründet im Jahr 1895, ist einer der traditionsreichsten Fußballvereine Deutschlands und war Gründungsmitglied der Bundesliga.

Die Spiel-Arena war einer der Austragungsorte der FIFA Frauen-Weltmeisterschaft 2011, ein Beweis für Düsseldorfs Engagement für den Frauenfußball.

Fortuna Düsseldorf hält den Rekord für den höchsten Sieg in einem Bundesliga-Spiel: Ein 7:1 gegen Bayern München in der Saison 1978/79, ein Ergebnis, das die Fans bis heute stolz macht

Die legendäre „Flinger Broich", das ehemalige Stadion von Fortuna Düsseldorf, war Schauplatz vieler historischer Momente, bevor die Merkur Spiel-Arena zur neuen Heimat wurde.

Toni Turek, der Torwart der deutschen Nationalmannschaft, die 1954 den Weltmeistertitel gewann, begann seine Karriere bei Fortuna Düsseldorf – ein Held, der in Düsseldorf nie vergessen wird.

Die Rivalität zwischen Fortuna Düsseldorf und dem 1. FC Köln ist legendär und sorgt bei jedem Derby für eine elektrisierende Stimmung, die die ganze Stadt erfasst.

DÜSSELDORF-QUIZ:

10 FRAGEN, DIE DICH FORDERN

1. **Was ist die Königsallee in Düsseldorf bekannt für?**

- [ ] A) Eine historische Burg
- [ ] B) Eine berühmte Fußgängerzone
- [ ] C) Luxuriöse Einkaufsmöglichkeiten
- [ ] D) Den größten Park der Stadt
- [ ] E) Ein Stadion
- [ ] F) Ein Museum für moderne Kunst

2. **Wie wird die Altstadt Düsseldorfs oft genannt?**

- [ ] A) Die goldene Meile
- [ ] B) Das Bankenviertel
- [ ] C) Das literarische Viertel
- [ ] D) Die längste Theke der Welt
- [ ] E) Das Künstlerviertel
- [ ] F) Die Grüne Lunge

3. **Für welches Bier ist Düsseldorf berühmt?**

- [ ] A) Kölsch
- [ ] B) Weizenbier
- [ ] C) Pilsner
- [ ] D) Alt
- [ ] E) Lager
- [ ] F) Stout

4. Wie viele Zuschauer fasst die Merkur Spiel-Arena?

- ☐ A) 25.000
- ☐ B) 32.000
- ☐ C) 40.000
- ☐ D) 54.000
- ☐ E) 66.000
- ☐ F) 75.000

5. Welches internationale Event fand 2011 in der Merkur Spiel-Arena statt?

- ☐ A) Die Olympischen Spiele
- ☐ B) Die FIFA Frauen-Weltmeisterschaft
- ☐ C) Der Eurovision Song Contest
- ☐ D) Die Leichtathletik-Weltmeisterschaften
- ☐ E) Die Formel 1
- ☐ F) Das Finale der Champions League

6. Welcher Fluss fließt durch Düsseldorf?

- ☐ A) Die Elbe
- ☐ B) Der Main
- ☐ C) Die Donau
- ☐ D) Der Rhein
- ☐ E) Die Weser
- ☐ F) Der Neckar

7. Was ist ein charakteristisches Merkmal der Architektur im MedienHafen?

- ☐ A) Fachwerkhäuser
- ☐ B) Gotische Kirchen
- ☐ C) Futuristische Gebäude
- ☐ D) Klassizistische Villen
- ☐ E) Barocke Paläste
- ☐ F) Romanische Burgen

8. Welches Wahrzeichen bietet die beste Aussicht über Düsseldorf?

- ☐ A) Der Fernsehturm
- ☐ B) Die Oberkasseler Brücke
- ☐ C) Der Rheinturm
- ☐ D) Das Schloss Benrath
- ☐ E) Der Hofgarten
- ☐ F) Die Kunstakademie

9. In welchem Düsseldorfer Park findet man einen japanischen Garten?

- ☐ A) Südpark
- ☐ B) Nordpark
- ☐ C) Hofgarten
- ☐ D) Volksgarten
- ☐ E) Rheinpark
- ☐ F) Benrather Schlosspark

10. Welches jährliche Ereignis verwandelt Düsseldorf in eine Hochburg der Kultur und Kunst?

- ☐ A) Das Düsseldorfer Schützenfest
- ☐ B) Die Rheinkirmes
- ☐ C) Die Lange Nacht der Museen
- ☐ D) Karneval
- ☐ E) Das Japan-Tag-Fest
- ☐ F) Der Weihnachtsmarkt

AUFGELÖS:

DIE ANTWORTEN ZUM GROSSEN DÜSSELDORF-QUIZ

1. Richtige Antwort:

C) Luxuriöse Einkaufsmöglichkeiten

2. Richtige Antwort:

D) Die längste Theke der Welt

3. Richtige Antwort:

D) Alt

4. Richtige Antwort:

D) 54.000

5. Richtige Antwort:

C) Der Eurovision Song Contest

6. Richtige Antwort:

D) Der Rhein

7. Richtige Antwort:

C) Futuristische Gebäude

8. Richtige Antwort:

C) Der Rheinturm

9. Richtige Antwort:

B) Nordpark

10. Richtige Antwort:

C) Die Lange Nacht der Museen

FRANKFURT AM MAIN

Frankfurt am Main: Ein statistischer Streifzug

Frankfurt am Main, oft als das dynamische Herz Deutschlands bezeichnet, steht im Zeichen von Geschäftigkeit, Hochfinanz und futuristischer Skyline, die ihr den Spitznamen „Mainhattan“ eingebracht hat. Doch wenn die EM 2024 die Stadt erreicht, tritt eine ganz andere Seite Frankfurts in den Vordergrund: eine tief verwurzelte Fußballkultur, die in der ganzen Stadt pulsiert. Mit einer Bevölkerung, die sich der 750.000-Marke nähert, bietet Frankfurt auf seinen 248 Quadratkilometern ein Kaleidoskop aus Kultur, Geschichte und sportlicher Leidenschaft. Die Commerzbank-Arena, Heimat des Fußballs in Frankfurt, mit einer Kapazität von über 51.000 Zuschauern, steht bereit, um als eine der Hauptbühnen der EM 2024 zu dienen. Diese Arena, eingebettet in die grüne Landschaft des Stadtwalds, symbolisiert die perfekte Symbiose aus Natur und modernster Sportstätte, die Frankfurt auszeichnet. Doch Frankfurt ist mehr als nur ein Finanzzentrum oder ein Fußballmekka. Die Stadt am Main ist eine der grünsten Städte Deutschlands, durchzogen von Parks und dem Mainufer, das zu langen Spaziergängen oder Joggingrunden einlädt. Frankfurts Museumsufer, eine beeindruckende Ansammlung von über einem Dutzend Museen, spiegelt die kulturelle Vielfalt und Tiefe wider, die Besucher und Einheimische gleichermaßen fasziniert. Neben der beeindruckenden Architektur und den kulturellen Schätzen ist Frankfurt auch für seine lebendige Essensszene bekannt. Von traditionellen Apfelweinwirtschaften bis hin zu internationalen Gourmettempeln – Frankfurt bietet kulinarische Genüsse für jeden Geschmack und bildet damit den perfekten Rahmen für die internationale Fan-Gemeinde, die zur EM strömt. Während der EM 2024 wird Frankfurt zu einem pulsierenden Knotenpunkt des internationalen Fußballs, der seine Besucher mit einer Mischung aus weltoffenem Flair und hessischer Gemütlichkeit empfängt. Es ist die einmalige Gelegenheit, Frankfurts Skyline nicht nur als Hintergrund für Geschäftsabschlüsse, sondern auch für fußballerische Höhenflüge zu erleben. In dieser Stadt, wo die Moderne auf Tradition trifft und der Fußball die Menschen vereint, wird die EM 2024 unvergessliche Momente schaffen.

FRANKFURT UND DER FUSSBALL

10 FAKTEN, DIE BEGEISTERN

Frankfurt am Main, eine Stadt, die für ihre dynamische Skyline und ihren wirtschaftlichen Einfluss bekannt ist, besitzt auch eine tiefe Verbindung zum Fußball, die Fans aus aller Welt fasziniert. Hier sind zehn Fußballfakten, die Frankfurt als Fußballstadt auszeichnen:

Die Commerzbank-Arena, Heimat von Eintracht Frankfurt, steht auf historischem Boden: Hier fand bereits 1974 die Fußball-Weltmeisterschaft statt, was die Arena zu einem Ort mit internationaler Fußballgeschichte macht.

Eintracht Frankfurt, gegründet im Jahr 1899, ist nicht nur einer der traditionsreichsten Fußballclubs Deutschlands, sondern war auch einer der Gründungsmitglieder der Bundesliga im Jahr 1963.

Eintracht Frankfurt gewann 1980 den UEFA-Pokal, einen der größten Erfolge in der Geschichte des Clubs, und verewigte sich damit in den Annalen des europäischen Fußballs.

Die Commerzbank-Arena hat eine beeindruckende Kapazität von über 51.000 Zuschauern und gehört damit zu den größten Fußballstadien Deutschlands, was sie zu einem Schauplatz für unvergessliche Fußballmomente macht.

Die Arena war einer der Austragungsorte der FIFA Frauen-Weltmeisterschaft 2011, was die Bedeutung Frankfurts im internationalen Frauenfußball unterstreicht.

Die „SGE", wie Eintracht Frankfurt auch genannt wird, hat eine der vielfältigsten Fangemeinden in Deutschland, was die weltoffene und multikulturelle Natur der Stadt widerspiegelt.

Frankfurt war Gastgeber des ersten deutschen Fußballspiels unter Flutlicht im Jahr 1953, eine Innovation, die das Spiel für Fans und Spieler veränderte.

Die einzigartige Atmosphäre bei Heimspielen von Eintracht Frankfurt wird besonders durch die beeindruckende Choreografie der Fans auf der Westtribüne geschaffen, bekannt als die „Frankfurter Kurve".

Die Adler des Eintracht-Frankfurt-Logos sind nicht nur ein Symbol des Clubs, sondern auch ein wesentlicher Bestandteil des Frankfurter Stadtwappens, was die tief verwurzelte Verbindung zwischen Stadt und Verein zeigt.

Die Stadt Frankfurt und Eintracht Frankfurt haben sich gemeinsam beworben, um Spiele der UEFA Euro 2024 auszutragen, was die Ambitionen der Stadt unterstreicht, weiterhin im Zentrum des europäischen Fußballs zu stehen.

BIST DU EIN FRANKFURT-EXPERTE?

BEWEISE ES!

Hier sind 10 Multiple-Choice-Quizfragen zu Frankfurt am Main und der Commerzbank-Arena, die dein Wissen auf die Probe stellen:

1. Was ist der Spitzname Frankfurts aufgrund seiner Skyline?

- ☐ A) Klein-Paris
- ☐ B) Mainhattan
- ☐ C) Die Bankenstadt
- ☐ D) Deutschlands Manhattan
- ☐ E) Frankfurt Hills
- ☐ F) Skyline City

2. Welcher Fluss fließt durch Frankfurt?

- ☐ A) Die Elbe
- ☐ B) Der Neckar
- ☐ C) Der Rhein
- ☐ D) Die Weser
- ☐ E) Der Main
- ☐ F) Die Donau

3. In welchem Jahr wurde die Commerzbank-Arena eröffnet?

- ☐ A) 1925
- ☐ B) 1953
- ☐ C) 1963
- ☐ D) 1974
- ☐ E) 2005
- ☐ F) 2011

4. Welches Museum befindet sich nicht am Museumsufer in Frankfurt?

- ☐ A) Städel Museum
- ☐ B) Deutsches Architekturmuseum
- ☐ C) Senckenberg Naturmuseum
- ☐ D) Deutsches Filmmuseum
- ☐ E) Museum für Kommunikation
- ☐ F) Historisches Museum

5. Welches Gebäude in Frankfurt ist das höchste?

- ☐ A) Commerzbank Tower
- ☐ B) Main Tower
- ☐ C) Messeturm
- ☐ D) Europaturm
- ☐ E) Westend Tower
- ☐ F) Henninger Turm

6. Wie wird die berühmte Einkaufsstraße in Frankfurt genannt?

- ☐ A) Die Zeil
- ☐ B) Königsallee
- ☐ C) Fressgass
- ☐ D) Schildergasse
- ☐ E) Goethestraße
- ☐ F) Hauptwache

7. Was ist ein traditionelles Frankfurter Gericht?

- ☐ A) Berliner Pfannkuchen
- ☐ B) Frankfurter Kranz
- ☐ C) Kölsch
- ☐ D) Frankfurter Würstchen
- ☐ E) Düsseldorfer Senfrostbraten
- ☐ F) Hamburger Labskaus

8. Welcher berühmte deutsche Dichter wurde in Frankfurt geboren?

- ☐ A) Friedrich Schiller
- ☐ B) Bertolt Brecht
- ☐ C) Johann Wolfgang von Goethe
- ☐ D) Heinrich Heine
- ☐ E) Thomas Mann
- ☐ F) Rainer Maria Rilke

9. Welches Ereignis findet jährlich in Frankfurt statt und zieht Besucher aus der ganzen Welt an?

- ☐ A) Oktoberfest
- ☐ B) Frankfurter Buchmesse
- ☐ C) Berlinale
- ☐ D) Cannstatter Volksfest
- ☐ E) Rhein in Flammen
- ☐ F) Documenta in Kassel

10. Was ist besonders an der Alten Oper in Frankfurt?

- ☐ A) Sie ist noch immer eine aktive Getreidemühle.
- ☐ B) Sie wurde nie als Oper genutzt.
- ☐ C) Sie ist ausschließlich für Rockkonzerte reserviert.
- ☐ D) Sie wurde nach ihrer Zerstörung im Zweiten Weltkrieg wieder aufgebaut.
- ☐ E) Sie beherbergt das größte Aquarium Europas.
- ☐ F) Es ist der einzige Ort in Deutschland, wo Opern auf Englisch aufgeführt werden.

RÄTSELRATEN VORBEI:
DIE LÖSUNGEN ZUM FRANKFURT-QUIZ

1. Richtige Antwort:

B) Mainhattan

2. Richtige Antwort:

E) Der Main

3. Richtige Antwort:

E) 2005

4. Richtige Antwort:

C) Senckenberg Naturmuseum

5. Richtige Antwort:

A) Commerzbank Tower

6. Richtige Antwort:

A) Die Zeil

7. Richtige Antwort:

D) Frankfurter Würstchen

8. Richtige Antwort:

C) Johann Wolfgang von Goethe

9. Richtige Antwort:

B) Frankfurter Buchmesse

10. Richtige Antwort:

D) Sie wurde nach ihrer Zerstörung im Zweiten Weltkrieg wieder aufgebaut.

HAMBURG

Hamburg: Die Stadt durch das Zahlenprisma sehen

Hamburg, die Perle des Nordens, schlägt mit seiner einzigartigen Mischung aus maritimem Charme und urbanem Flair Wellen weit über die Grenzen Deutschlands hinaus. Wusstest du, dass Hamburg mit rund 1,8 Millionen Einwohnern die zweitgrößte Stadt Deutschlands ist und einen der größten Häfen Europas beheimatet? Hier, wo die Elbe auf die Nordsee trifft, werden mehr als 8.000 Schiffe pro Jahr abgefertigt – das ist, als würde jede Stunde ein neues Schiff den Hafen ansteuern. Doch nicht nur der Hafen ist beeindruckend: Hamburg ist stolzer Besitzer von über 2.300 Brücken – mehr als Venedig, Amsterdam und Stockholm zusammen. Diese Stadt setzt auf Vielfalt, nicht nur in ihrer Architektur, sondern auch auf dem Grün. Mit über 1.400 Parks und Grünflächen, die zusammen eine Fläche von etwa 16 % der Stadt ausmachen, bietet Hamburg jede Menge Raum für Freizeit und Erholung, perfekt für ein Kickabout oder einfach, um die Seele baumeln zu lassen. Aber Hamburg ist nicht nur grün und maritim, sondern auch eine Fußballstadt durch und durch. Das Volksparkstadion, ein Schmuckstück moderner Sportstätten mit Platz für 57.000 Zuschauer, wartet nur darauf, bei der EM 2024 mit Jubel und Gesängen gefüllt zu werden. Fußball hat hier eine Heimat gefunden, tief verwurzelt in der Stadtgeschichte und den Herzen der Einwohner. Und für die Wissbegierigen: Hamburg beherbergt rund 60 Museen, von der klassischen Kunst bis hin zu kuriosen Sammlungen, die zeigen, dass diese Stadt wirklich für jeden etwas zu bieten hat. Ob du nun auf der Suche nach historischen Schätzen bist oder einfach die lebendige Atmosphäre der Stadt genießen möchtest, Hamburg wird dich nicht enttäuschen. Es ist die perfekte Mischung aus Geschichte, Kultur und Fußballfieber, die Hamburg zu einem unvergesslichen Teil der EM 2024 machen wird.

HAMBURG:
WO FUSSBALLGESCHICHTE GESCHRIEBEN WIRD

Hamburg, eine Stadt, die nicht nur für ihre beeindruckende Hafenlandschaft und kulturelle Vielfalt bekannt ist, sondern auch eine tiefe Fußballtradition besitzt. Hier sind zehn Fakten, die Hamburg als einen besonderen Ort für die Geschichte des Fußballs markieren:

Der Hamburger SV wurde oft als „Bundesliga-Dinosaurier" bezeichnet, da er bis 2018 der einzige Club war, der seit Gründung der Bundesliga 1963 ununterbrochen in der höchsten deutschen Spielklasse vertreten war.

Der Hamburger SV gewann 1983 den Europapokal der Landesmeister, was ihn zu einem der erfolgreichsten Fußballvereine Deutschlands auf europäischer Ebene macht.

Im Jahr 1953 fand im Volksparkstadion das erste deutsche Fußballspiel unter Flutlicht statt.

Neben dem HSV prägt der FC St. Pauli die Fußballszene der Stadt. Bekannt für seine sozialen und politischen Stellungnahmen, zieht der Club Fans weit über die Grenzen Hamburgs hinaus an.

Das Volksparkstadion, Heimat des HSV, war einer der Austragungsorte der Fußball-Weltmeisterschaft 1974 und der Europameisterschaft 1988, was die internationale Bedeutung des Stadions unterstreicht.

Die Stadtderbys zwischen dem HSV und dem FC St. Pauli gehören zu den spannendsten Begegnungen im deutschen Fußball, geprägt von einer tiefen Rivalität und gleichzeitig von großem Respekt.

Im Jahr 1953 fand im Volksparkstadion das erste deutsche Fußballspiel unter Flutlicht statt.

Der HSV war einer der ersten Clubs in Deutschland, der auf moderne Trainingsmethoden und -technologien setzte, um Spielerentwicklung und Spielanalyse zu verbessern.

Die Hamburger Band „Die Toten Hosen" veröffentlichte ein Lied über den FC St. Pauli („You'll Never Walk Alone"), das mittlerweile zu einer Hymne für die Fans geworden ist.

Abseits der großen Stadien lebt in Hamburg eine lebendige Fußballkultur, mit zahlreichen Amateurvereinen und Fußballplätzen, die die Begeisterung für den Sport in allen Stadtteilen sichtbar machen.

TESTE DEIN HAMBURG-WISSEN:
10 FRAGEN, 10 CHANCEN

1. **Was ist die Speicherstadt in Hamburg?**

- ☐ A) Ein Freizeitpark
- ☐ B) Ein historischer Lagerhauskomplex
- ☐ C) Eine moderne Wohnsiedlung
- ☐ D) Ein Shoppingcenter
- ☐ E) Ein Uni-Campus
- ☐ F) Ein Industriegebiet

2. **Welcher Fluss fließt durch Hamburg?**

- ☐ A) Rhein
- ☐ B) Donau
- ☐ C) Main
- ☐ D) Weser
- ☐ E) Elbe
- ☐ F) Oder

3. **Wie wird das Hamburger Stadion offiziell genannt?**

- ☐ A) Mercedes-Benz Arena
- ☐ B) Allianz Arena
- ☐ C) Signal Iduna Park
- ☐ D) Volksparkstadion
- ☐ E) Red Bull Arena
- ☐ F) Commerzbank-Arena

4. Was ist ein berühmtes Gericht aus Hamburg?

- ☐ A) Thüringer Rostbratwurst
- ☐ B) Sauerbraten
- ☐ C) Labskaus
- ☐ D) Schwäbische Maultaschen
- ☐ E) Berliner Pfannkuchen
- ☐ F) Königsberger Klopse

5. Wie viele Brücken hat Hamburg?

- ☐ A) Ca. 300
- ☐ B) Ca. 800
- ☐ C) Ca. 1.200
- ☐ D) Ca. 2.300
- ☐ E) Ca. 3.000
- ☐ F) Ca. 4.500

6. Welches dieser Wahrzeichen befindet sich in Hamburg?

- ☐ A) Das Brandenburger Tor
- ☐ B) Die Elbphilharmonie
- ☐ C) Der Kölner Dom
- ☐ D) Schloss Neuschwanstein
- ☐ E) Die Frauenkirche Dresden
- ☐ F) Das Heidelberger Schloss

7. Was ist das Miniatur Wunderland?

- ☐ A) Ein Vergnügungspark
- ☐ B) Ein Modelleisenbahnmuseum
- ☐ C) Eine Kunstgalerie
- ☐ D) Ein Technikmuseum
- ☐ E) Ein Aquarium
- ☐ F) Ein Wissenschaftszentrum

8. Für was ist der Hamburger Hafen bekannt?

- [ ] A) Als größter Binnenhafen Europas
- [ ] B) Als größter Seehafen Europas
- [ ] C) Als historischer Fischmarkt
- [ ] D) Als Standort der ersten deutschen Werft
- [ ] E) Als Geburtsort der deutschen Marine
- [ ] F) Als größte Schiffbauhalle der Welt

9. Welches Event findet auf der Reeperbahn statt?

- [ ] A) Das Oktoberfest
- [ ] B) Die Documenta
- [ ] C) Der Karneval der Kulturen
- [ ] D) Das Reeperbahn Festival
- [ ] E) Die Berlinale
- [ ] F) Die Lange Nacht der Museen

10. Was ist der "Michel"?

- [ ] A) Ein bekannter Hamburger
- [ ] B) Ein Turm im Hafen
- [ ] C) Eine Statue eines Seemanns
- [ ] D) Ein Spitzname für das Rathaus
- [ ] E) Die Hauptkirche St. Michaelis
- [ ] F) Ein alter Leuchtturm

LÖSUNGSSCHLÜSSEL:

SO HAST DU IM HAMBURG-QUIZ ABGESCHNITTEN

1. **Richtige Antwort:**

   B) Ein historischer Lagerhauskomplex

2. **Richtige Antwort:**

   E) Elbe

3. **Richtige Antwort:**

   D) Volksparkstadion

4. **Richtige Antwort:**

   C) Labskaus

5. **Richtige Antwort:**

   D) Ca. 2.300

6. **Richtige Antwort:**

   B) Die Elbphilharmonie

7. **Richtige Antwort:**

   B) Ein Modelleisenbahn museum

8. **Richtige Antwort:**

   B) Als größter Seehafen Europas

9. **Richtige Antwort:**

   D) Das Reeperbahn Festival

10. **Richtige Antwort:**

    E) Die Hauptkirche St. Michaelis

KÖLN

Köln in Ziffern: Was die Statistiken verraten

Köln, mit seinem unverwechselbaren Charme, mischt Altes mit Neuem und Tradition mit Moderne wie kaum eine andere deutsche Stadt. Hier leben über eine Million Menschen, die stolz auf ihre 2000-jährige Geschichte, den berühmten Dom und natürlich ihre lebensfrohe Art sind. Wusstest du, dass der Kölner Dom, mit seinen 157,38 Metern Höhe, nicht nur das zweithöchste Gebäude der Stadt, sondern auch die meistbesuchte Sehenswürdigkeit Deutschlands ist? Das könnte daran liegen, dass er bis zu 20.000 Besucher täglich anzieht – fast so, als ob jeden Tag ein kleines Fußballspiel in seinen Hallen stattfinden würde. Köln ist auch die Stadt mit der höchsten Kneipendichte in Deutschland. Es gibt hier etwa 3000 Kneipen, Bars und Restaurants. Das bedeutet, theoretisch könntest du jeden Tag in eine andere Kneipe gehen und würdest mehr als acht Jahre lang keine zweimal besuchen. Fußball spielt in dieser Stadt ebenfalls eine große Rolle. Das RheinEnergieStadion, Heimstätte des 1. FC Köln, fasst 50.000 Zuschauer und wird während der EM 2024 zu einem pulsierenden Herz der Fußballbegeisterung. Und falls du zwischen den Spielen etwas Freizeit hast: Köln hat über 30 Museen und 100 Galerien, die von römischen Relikten bis zu moderner Kunst reichen. Doch das wahre Herz Kölns sind seine Menschen, die mit ihrem rheinischen Frohsinn jeden Besucher sofort in ihren Bann ziehen. Zu sagen, Köln sei bereit für die EM 2024, wäre eine Untertreibung. Köln lebt und atmet Fußball, Kultur und Lebensfreude – eine Kombination, die Besucher aus aller Welt verzaubern wird.

6 GRÜNDE, WARUM FUSSBALL IN KÖLN BESONDERS IST

Fußball in Köln ist mehr als nur ein Spiel; es ist eine Leidenschaft, die die Stadt vereint und ihr ein einzigartiges Flair verleiht. Hier sind sechs Gründe, warum Fußball in Köln besonders ist:

Der 1. FC Köln, gegründet 1948, ist ein Symbol der Stadt und trägt eine reiche Geschichte und Tradition in sich. Der Verein spiegelt den Stolz und die Identität der Kölner wider.

Hennes, der lebendige Geißbock und Maskottchen des 1. FC Köln, ist bei jedem Heimspiel dabei und verkörpert den einzigartigen Charakter des Clubs. Jede neue Generation von Hennes wird liebevoll von den Fans und Spielern aufgenommen

In Köln verschmelzen zwei große Leidenschaften – Fußball und Karneval. Die Spieltage rund um die Karnevalszeit sind legendär für ihre ausgelassene Stimmung und die kreativen Kostüme der Fans.

Die Derbys gegen Bayer Leverkusen, das sogenannte Rhein-Derby, sind immer wieder Höhepunkte der Saison und bringen eine besondere Intensität und Leidenschaft mit sich.

Der 1. FC Köln und seine Fans engagieren sich stark in sozialen Projekten und der Gemeinschaftsarbeit. Fußball wird hier als Mittel zum Guten genutzt.

Der FC hat seine eigene Hymne, „Mer stonn zo dir, FC Kölle“, die vor jedem Heimspiel gesungen wird. Dieser Song, der die Verbundenheit zwischen Fans und Verein ausdrückt, sorgt regelmäßig für Gänsehautmomente.

RÄTSELSPASS KÖLN:
BIST DU DEM QUIZ GEWACHSEN?

1. **Was ist das markanteste Merkmal des Kölner Doms?**

- ☐ A) Seine goldene Kuppel
- ☐ B) Die Zwillingsminarette
- ☐ C) Die beiden Spitztürme
- ☐ D) Seine rote Fassade
- ☐ E) Die gläsernen Eingangstüren
- ☐ F) Der umlaufende Balkon

2. **Welches Getränk ist typisch für Köln?**

- ☐ A) Weizenbier
- ☐ B) Apfelwein
- ☐ C) Kölsch
- ☐ D) Pilsner
- ☐ E) Rotwein
- ☐ F) Sekt

3. **Was findet man im Kölner Schokoladenmuseum nicht?**

- ☐ A) Eine Schokoladenfabrik
- ☐ B) Einen tropischen Gewächshausgarten
- ☐ C) Eine Goldschmiedewerkstatt
- ☐ D) Eine Geschichte der Schokolade
- ☐ E) Eine riesige Schokoladenfontäne
- ☐ F) Verkostungen

4.

Welche Farben repräsentieren den 1. FC Köln?

- ☐ A) Blau und Weiß
- ☐ B) Rot und Weiß
- ☐ C) Grün und Schwarz
- ☐ D) Gelb und Blau
- ☐ E) Lila und Gelb
- ☐ F) Schwarz und Weiß

5.

Wie heißt die berühmte Einkaufsstraße in Köln?

- ☐ A) Königsallee
- ☐ B) Zeil
- ☐ C) Schildergasse
- ☐ D) Friesenstraße
- ☐ E) Prinzenstraße
- ☐ F) Münzstraße

6.

Was ist ein typisches Merkmal des Kölner Karnevals?

- ☐ A) Rosenmontagszug
- ☐ B) Faschingsprinz
- ☐ C) Samba-Tänzer
- ☐ D) Maskenball
- ☐ E) Feuerwerk über dem Rhein
- ☐ F) Laternenfest

7.

Wo befindet sich die „Liebesschlösser"-Brücke in Köln?

- ☐ A) Auf der Hohenzollernbrücke
- ☐ B) Über den Rheinparkweg
- ☐ C) Am Deutzer Ufer
- ☐ D) An der Severinsbrücke
- ☐ E) Auf der Rodenkirchener Brücke
- ☐ F) Am Aachener Weiher

8. **Welcher Heilige ist der Schutzpatron des Kölner Doms?**

- ☐ A) St. Peter
- ☐ B) St. Georg
- ☐ C) St. Ursula
- ☐ D) St. Christopherus
- ☐ E) St. Matthias
- ☐ F) St. Gereon

9. **Was ist das „Kölner Dreigestirn“?**

- ☐ A) Eine berühmte Skulptur
- ☐ B) Drei nebeneinanderliegende Seen
- ☐ C) Drei historische Gebäude
- ☐ D) Die Hauptfiguren im Kölner Karneval
- ☐ E) Ein Musiktrio
- ☐ F) Die Gründungsväter Kölns

10. **Wie heißt Kölns älteste Brücke, die noch in Betrieb ist?**

- ☐ A) Severinsbrücke
- ☐ B) Deutzer Brücke
- ☐ C) Zoobrücke
- ☐ D) Mühlheimer Brücke
- ☐ E) Rodenkirchener Brücke
- ☐ F) Hohenzollernbrücke

DIE ANTWORTEN:

WIE GUT KENNST DU KÖLN WIRKLICH?

1. Richtige Antwort:

C) Die beiden Spitztürme

2. Richtige Antwort:

C) Kölsch

3. Richtige Antwort:

C) Eine Goldschmiedewerkstatt

4. Richtige Antwort:

B) Rot und Weiß

5. Richtige Antwort:

C) Schildergasse

6. Richtige Antwort:

A) Rosenmontagszug

7. Richtige Antwort:

A) Auf der Hohenzollernbrücke

8. Richtige Antwort:

C) St. Ursula

9. Richtige Antwort:

D) Die Hauptfiguren im Kölner Karneval

10. Richtige Antwort:

B) Deutzer Brücke

MÜNCHEN

München: Die Stadt durch das Zahlenprisma sehen

München, die unangefochtene Metropole des Südens, verbindet bayerische Tradition mit pulsierendem Stadtleben und erstklassigem Fußball wie keine zweite Stadt in Deutschland. Mit rund 1,5 Millionen Einwohnern ist München die drittgrößte Stadt des Landes und ein kultureller Schmelztiegel, der Besucher aus aller Welt anzieht. Hier schlängeln sich die Isar und knapp 1.200 Kilometer Radwege durch die Stadt, was München zu einem Paradies für Radfahrer und Spaziergänger macht – ideal, um die Stadt zwischen den EM-Spielen zu erkunden. München ist auch Heimat des berühmten Oktoberfests, das jährlich Millionen von Besuchern anzieht und mehr als sechs Millionen Maß Bier fließen lässt. Doch wenn die EM 2024 die Stadt einnimmt, könnte der Fußball das größte Fest von allen werden. Das Herz des Münchner Fußballs schlägt in der Allianz Arena, einem futuristischen Fußballtempel mit einer Fassade aus leuchtenden Paneelen, die in den Farben des regierenden Clubs oder der deutschen Nationalmannschaft erstrahlen kann und Platz für 75.000 Zuschauer bietet. Wusstest du, dass München mehr als 60 Theater und über 80 Museen beherbergt? Von der Alten Pinakothek bis zum Deutschen Museum – die kulturelle Vielfalt ist atemberaubend. Und mit über 200 Trachtenvereinen wird in München die bayerische Kultur lebendig gehalten, was der Stadt eine einzigartige Identität verleiht. München ist nicht nur eine Stadt, die Tradition und Moderne, Kultur und Sport harmonisch vereint, sondern auch ein Ort, der zur EM 2024 seine Türen öffnet und die Welt mit offenen Armen empfängt. Bereite dich auf unvergessliche Spiele in einer Stadt vor, die weiß, wie man feiert, Fußball lebt und Geschichte schreibt.

MÜNCHEN:
WO FUSSBALLGESCHICHTE GESCHRIEBEN WIRD

München ist nicht nur das kulturelle und wirtschaftliche Herz Bayerns, sondern auch ein zentraler Ort für den deutschen und internationalen Fußball. Hier sind acht Fußballfakten, die München als einen der bedeutendsten Schauplätze für den Fußball auszeichnen:

FC Bayern München, einer der weltweit erfolgreichsten Fußballclubs, hat seine Heimat in München. Der Verein wurde 1900 gegründet und hat seitdem unzählige nationale und internationale Titel gewonnen, darunter mehrmals die UEFA Champions League.

1860 München, der zweite große Fußballverein der Stadt, hat eine ebenso reiche Geschichte. Gegründet 1860, spielte der Club lange in der obersten Liga und hat eine treue Fangemeinde.

Die Olympischen Spiele 1972 fanden in München statt und brachten umfangreiche Sportstätten mit sich, darunter das Olympiastadion, das bis 2005 die Heimspiele von Bayern München und 1860 München beherbergte.

München war Austragungsort mehrerer Spiele der FIFA Fußball-Weltmeisterschaft 1974 sowie der Weltmeisterschaft 2006, inklusive des Eröffnungsspiels der WM 2006 in der Allianz Arena.

Das Finale der UEFA Champions League 2012 wurde in der Allianz Arena ausgetragen, ein denkwürdiges Ereignis für den FC Bayern München, obwohl das Finale gegen den FC Chelsea im Elfmeterschießen verloren ging.

Gerd Müller, auch bekannt als „Der Bomber", ist eine der Legenden des FC Bayern München. Müller ist einer der besten Torschützen in der Geschichte des deutschen Fußballs und wurde in München zur Ikone.

Franz Beckenbauer, ein weiterer großer Name im Fußball, begann seine Karriere ebenfalls beim FC Bayern München. Beckenbauer, auch bekannt als „Der Kaiser", hat als Spieler und Trainer immense Erfolge gefeiert.

Die Säbener Straße, das Trainingsgelände und die Geschäftsstelle des FC Bayern München, ist ein Pilgerort für Fußballfans aus aller Welt und symbolisiert den Erfolg und die Ambitionen des Clubs.

WIE GUT KENNST DU MÜNCHEN?

DAS ULTIMATIVE STADTQUIZ

1. **Was ist der Spitzname Münchens, der sich auf die beeindruckende Skyline bezieht?**

- ☐ A) Die Nordlichter
- ☐ B) Die Perle des Südens
- ☐ C) Klein-Berlin
- ☐ D) Mainhattan
- ☐ E) Isar-Athen
- ☐ F) Bayerns Metropole

2. **In welchem Jahr wurde der FC Bayern München gegründet?**

- ☐ A) 1900
- ☐ B) 1910
- ☐ C) 1920
- ☐ D) 1932
- ☐ E) 1945
- ☐ F) 1954

3. **Welches berühmte Münchner Bierfest zieht jährlich Millionen von Besuchern an?**

- ☐ A) Münchner Frühlingsfest
- ☐ B) Starkbierfest
- ☐ C) Oktoberfest
- ☐ D) Bierwoche München
- ☐ E) Isarfest
- ☐ F) Sommerbiergartenfest

4. Wie viele Sitzplätze hat die Allianz Arena?

- ☐ A) 50.000
- ☐ B) 57.000
- ☐ C) 63.000
- ☐ D) 69.000
- ☐ E) 75.000
- ☐ F) 80.000

5. Welcher Fluss fließt durch München?

- ☐ A) Der Rhein
- ☐ B) Die Donau
- ☐ C) Die Elbe
- ☐ D) Der Main
- ☐ E) Die Isar
- ☐ F) Die Spree

6. Welches historische Ereignis wird im Hofbräuhaus gefeiert?

- ☐ A) Die Gründung des Deutschen Reiches
- ☐ B) Die Schlacht von München
- ☐ C) Der Westfälische Frieden
- ☐ D) Die Bierrevolution
- ☐ E) Die Veröffentlichung des Reinheitsgebots
- ☐ F) Der Schwedeneinfall

7. Was ist eine Besonderheit der Allianz Arena bei Nacht?

- ☐ A) Sie ist komplett dunkel.
- ☐ B) Sie leuchtet in den Farben des Regenbogens.
- ☐ C) Sie wechselt ihre Farben je nach Spiel.
- ☐ D) Sie wird von einem Laserstrahl markiert.
- ☐ E) Sie ist nur von innen beleuchtet.
- ☐ F) Sie zeigt die Münchner Skyline.

8. Wo findet man in München den „Englischen Garten“?

- ☐ A) Im Zentrum
- ☐ B) Im Süden
- ☐ C) Im Norden
- ☐ D) Im Osten
- ☐ E) Im Westen
- ☐ F) Außerhalb der Stadt

9. Welches Museum in München ist für seine technischen und naturwissenschaftlichen Sammlungen bekannt?

- ☐ A) Das Lenbachhaus
- ☐ B) Die Pinakothek der Moderne
- ☐ C) Das Deutsche Museum
- ☐ D) Das BMW Museum
- ☐ E) Das Bayerische Nationalmuseum
- ☐ F) Das Haus der Kunst

10. 10. Welcher Teil der Allianz Arena ist besonders bei Fans des FC Bayern München beliebt?

- ☐ A) Die Nordkurve
- ☐ B) Die Südkurve
- ☐ C) Die VIP-Logen
- ☐ D) Die Westtribüne
- ☐ E) Die Osttribüne
- ☐ F) Der Mittelkreis

ANTWORTEN AUFGEDECKT:

DAS MÜNCHEN-QUIZ GELÖST

1. Richtige Antwort:

E) Isar-Athen

2. Richtige Antwort:

A) 1900

3. Richtige Antwort:

C) Oktoberfest

4. Richtige Antwort:

E) 75.000

5. Richtige Antwort:

E) Die Isar

6. Richtige Antwort:

E) Die Veröffentlichung des Reinheitsgebots

7. Richtige Antwort:

C) Sie wechselt ihre Farben je nach Spiel.

8. Richtige Antwort:

C) Im Norden

9. Richtige Antwort:

C) Das Deutsche Museum

10. Richtige Antwort:

B) Die Südkurve

STUTTGART

Stuttgart in Ziffern: Was die Statistiken verraten

Stuttgart, eingebettet in die malerischen Weinberge Baden-Württembergs, vereint Tradition mit futuristischem Flair und hat dabei eine überraschende Zahlenspielerei zu bieten. Mit einer Einwohnerzahl, die die 630.000-Marke überschreitet, mag Stuttgart kleiner wirken als das gigantische Berlin, doch in Sachen Lebensqualität und Grünflächen spielt es ganz vorne mit. Stuttgart ist nicht nur die sechstgrößte Stadt Deutschlands, sondern auch die Heimat von einigen der weltweit bekanntesten Automarken. Wussten Sie, dass das Automobil hier 1886 von Carl Benz erfunden wurde? Dieses Erbe der Innovation spiegelt sich auch in den über 400 Stuttgarter Parks wider, die die Stadt zu einem urbanen Paradies für Entspannungssuchende und Naturliebhaber machen.

Doch nicht nur die Parks sind beeindruckend: Das Mercedes-Benz-Stadion, mit seiner Kapazität von über 60.000 Zuschauern, ist eine wahre Festung des Fußballs und der Technologie, bereit, die EM 2024 zu einem unvergesslichen Ereignis zu machen. Stuttgart mag vielleicht für seine steilen Hänge bekannt sein – es gibt hier mehr Stäffele (Treppen) als Tage im Jahr –, aber genau diese Topografie bietet atemberaubende Aussichten, die man sonst in keiner anderen EM-Stadt findet. Und für die Weinliebhaber unter den Fußballfans: Stuttgart ist umgeben von einigen der ältesten Weingüter Deutschlands, was bedeutet, dass man hier Spitzenweine direkt an der Quelle genießen kann. Mit einer solchen Kombination aus Geschichte, Kultur und Leidenschaft für Innovation und Fußball ist Stuttgart ein Juwel im Herzen Europas, das bereit ist, seine Seiten in den Annalen der EM 2024 zu verewigen.

TORE, TRÄUME, TRADITIONEN:
STUTTGARTS FUSSBALLGESCHICHTE IN

10 FAKTEN

Gegründet im Jahr 1893, ist der VfB Stuttgart einer der ältesten Fußballclubs in Deutschland und hat mehrere nationale Meisterschaften und Pokalsiege zu verzeichnen.

Die Heimstätte des VfB Stuttgart, ursprünglich als Neckarstadion eröffnet, wurde für die FIFA-Weltmeisterschaft 1974 erbaut und hat seitdem zahlreiche Umbauten erlebt, um den modernen Fußball und seine Fans zu beherbergen.

Stuttgart war einer der Austragungsorte der FIFA-Weltmeisterschaft 2006, bei der Spiele im umgebauten Neckarstadion, nun bekannt als Mercedes-Benz Arena, stattfanden.

Der VfB Stuttgart erreichte das Finale des Europapokals der Pokalsieger 1998, unterlag jedoch im Endspiel gegen den FC Chelsea.

Einer der bekanntesten Spieler, die beim VfB Stuttgart gespielt haben, ist Guido Buchwald. Er war Teil der deutschen Nationalmannschaft, die 1990 die FIFA-Weltmeisterschaft in Italien gewann.

Der VfB Stuttgart ist bekannt für sein Engagement in der Jugendarbeit und hat ein hochmodernes Nachwuchsleistungszentrum, das junge Talente fördert.

Der VfB Stuttgart hat die Bundesliga mehrfach gewonnen, zuletzt in der Saison 2006/2007, was die Stadt in eine riesige Feierzone verwandelte.

Trainerlegenden wie Joachim Löw, der spätere Bundestrainer, der Deutschland 2014 zum Weltmeistertitel führte, begannen ihre Karriere beim VfB Stuttgart.

Der VfB Stuttgart unterstützt auch aktiv den Frauenfußball und fördert junge Spielerinnen durch seine Jugendakademie.

Die Derbys gegen den Karlsruher SC und den 1. FC Nürnberg gehören zu den spannendsten Begegnungen in der Geschichte des VfB Stuttgart und zeugen von langjährigen Rivalitäten.

STUTTGART IM QUIZ-CHECK:
10 KNIFFLIGE FRAGEN

1. **Was ist Stuttgart vor allem bekannt für?**

- [ ] A) Seine Strände
- [ ] B) Den Automobilbau
- [ ] C) Die Oper
- [ ] D) Den Käseexport
- [ ] E) Die Porzellanmanufaktur
- [ ] F) Historische Schlösser

2. **In welchem Jahr wurde der VfB Stuttgart gegründet?**

- [ ] A) 1875
- [ ] B) 1893
- [ ] C) 1905
- [ ] D) 1912
- [ ] E) 1923
- [ ] F) 1933

3. **Wie viele „Stäffele" gibt es ungefähr in Stuttgart?**

- [ ] A) Weniger als 100
- [ ] B) Rund 200
- [ ] C) Mehr als 400
- [ ] D) Genau 365
- [ ] E) Über 500
- [ ] F) Ungefähr 600

4. Welcher Fluss fließt durch Stuttgart?

- ☐ A) Der Rhein
- ☐ B) Die Donau
- ☐ C) Der Neckar
- ☐ D) Die Isar
- ☐ E) Die Elbe
- ☐ F) Der Main

5. Wofür ist die Mercedes-Benz Arena bekannt?

- ☐ A) Als Opernhaus
- ☐ B) Als Heimat des VfB Stuttgart
- ☐ C) Als größtes Einkaufszentrum Stuttgarts
- ☐ D) Als Museum für moderne Kunst
- ☐ E) Als Standort der ersten deutschen Universität
- ☐ F) Als historische Burg

6. 6. Welches Ereignis findet jährlich in Stuttgart statt und zieht Besucher aus aller Welt an?

- ☐ A) Das Stuttgarter Weinfest
- ☐ B) Das Cannstatter Volksfest
- ☐ C) Der Stuttgarter Opernball
- ☐ D) Die Stuttgarter Buchwoche
- ☐ E) Das Stuttgart Festival der Kulturen
- ☐ F) Der Stuttgart Marathon

7. Wie heißt das berühmte Stuttgarter Schweinemuseum?

- ☐ A) Schweinezucht-Museum
- ☐ B) SchweineHalle
- ☐ C) SchweineWelten
- ☐ D) Schweinerei-Museum
- ☐ E) Museum Rund ums Schwein
- ☐ F) PiggyBank Museum

8. Was ist einzigartig am Stuttgarter Fernsehturm?

- ☐ A) Seine Höhe
- ☐ B) Sein Alter
- ☐ C) Es war der erste Fernsehturm weltweit
- ☐ D) Die Anzahl der Antennen
- ☐ E) Seine Farbe bei Nacht
- ☐ F) Die Drehgeschwindigkeit der Aussichtsplattform

9. Welches Museum würdigt Stuttgarts Rolle in der Automobilgeschichte?

- ☐ A) Das Technik Museum Sinsheim
- ☐ B) Das Porsche Museum
- ☐ C) Das Mercedes-Benz Museum
- ☐ D) Das Deutsche Museum München
- ☐ E) Das Auto & Technik Museum Speyer
- ☐ F) Das Verkehrsmuseum Dresden

10. Welches natürliche Merkmal charakterisiert die Landschaft um Stuttgart?

- ☐ A) Die Weinberge
- ☐ B) Die Sandstrände
- ☐ C) Die Vulkankegel
- ☐ D) Die Gletscherseen
- ☐ E) Die Moore
- ☐ F) Die Wüstenlandschaft

KEIN GEHEIMNIS MEHR:
LÖSUNGEN ZUM STUTTGART-RÄTSEL

1. Richtige Antwort:

B) Den Automobilbau

2. Richtige Antwort:

B) 1893

3. Richtige Antwort:

C) Mehr als 400

4. Richtige Antwort:

B) Als Heimat des VfB Stuttgart

5. Richtige Antwort:

B) Das Cannstatter Volksfest

6. Richtige Antwort:

E) Museum Rund ums Schwein

7. Richtige Antwort:

C) Es war der erste Fernsehturm weltweit

8. Richtige Antwort:

C) Das Mercedes-Benz Museum

9. Richtige Antwort:

A) Die Weinberge

MEIN EM-ROADTRIP

Was möchte ich sehen und erleben?

Hier hast du Platz, spezifische Sehenswürdigkeiten, Spiele oder Ereignisse einzutragen, die du nicht verpassen möchtest.

Berlin

Dortmund

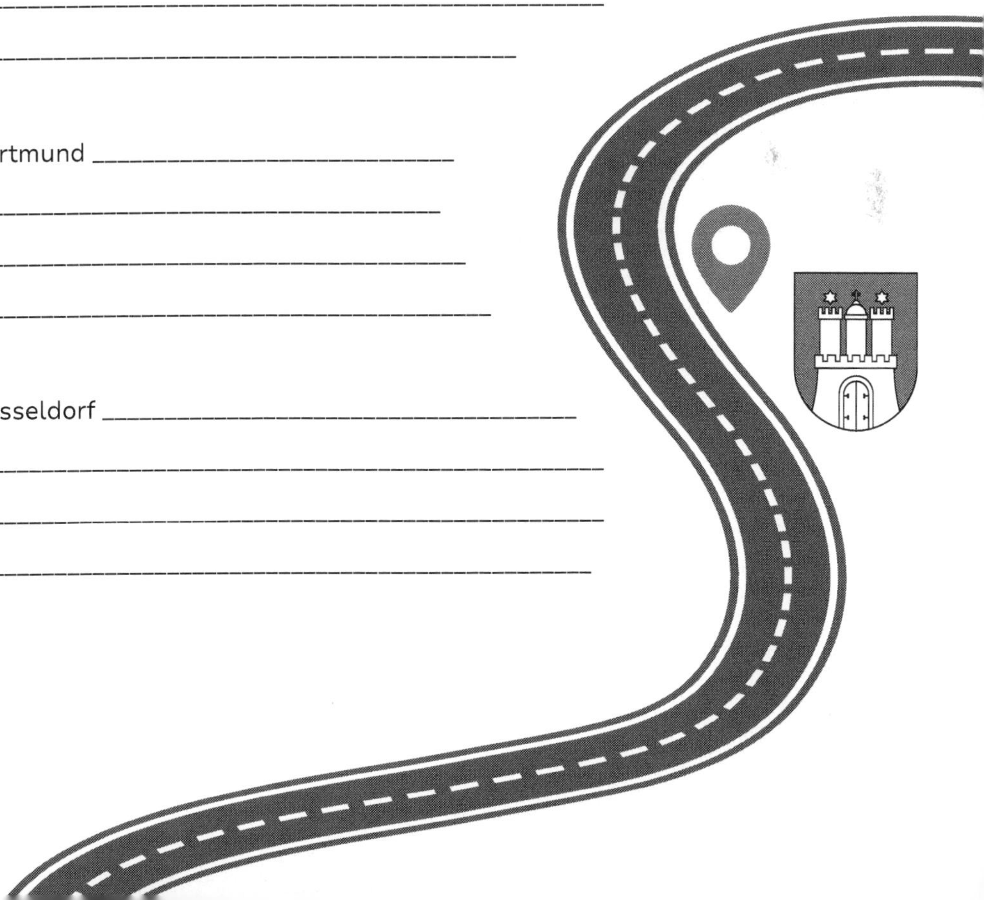

Düsseldorf

Frankfurt am Main

Gelsenkirchen

Hamburg

Köln

Leipzig

München

Stuttgart

MEINE EM-SPIELE:

DIESE SPIELE WILL ICH LIVE SEHEN:

	Datum	Team	Stadt
1			
2			
3			
4			
5			
6			
7			
8			
9			
10			
11			
12			
13			

14			
15			
16			
17			
18			
19			
20			
21			
22			
23			
24			
25			
26			
27			
28			
29			
30			

UNTERKUNFT & TRANSPORT

Hier hast du genug Platz, um deine Übernachtungsmöglichkeiten und den Transport zwischen den Städten zu planen.

Meine Logistik-Notizen:

Meine Route:

TIPP:

Vergiss nicht, für jede Stadt, die du besuchst, eine Postkarte zu schreiben oder ein Souvenir zu sammeln, um deinen EM-Roadtrip für immer festzuhalten!

DIE HELDEN des RASENS

Im Herzen jedes Fußballturniers stehen sie – die Spieler. Helden des Rasens, die nicht nur durch ihre sportlichen Leistungen beeindrucken, sondern auch als Vorbilder und Inspirationsquellen dienen. Ihre Geschichten sind geprägt von Entschlossenheit, Leidenschaft und dem unermüdlichen Streben nach Exzellenz, die sie zu mehr als nur Sportlern machen. Sie sind die Gesichter hinter den Trikots, deren Träume und Ambitionen auf dem Spielfeld lebendig werden. Während die EM 2024 in Deutschland näher rückt, stehen neue und alte Helden bereit, um ihre Kapitel in die Annalen des europäischen Fußballs einzuschreiben.

SPIELER IM FOKUS

Die EM 2024 verspricht, eine Bühne für aktuelle Fußballstars zu sein, auf der Spieler wie Manuel Neuer und Marc-André ter Stegen nicht nur ihre herausragenden Torwartfähigkeiten unter Beweis stellen, sondern auch Führungsstärke und Charakter zeigen. Feldspieler wie Ilkay Gündogan, Joshua Kimmich und Leroy Sané werden mit ihrer Kreativität, Technik und Schnelligkeit zentrale Rollen einnehmen. Ein Blick auf die deutsche Nationalmannschaft verrät eine Mischung aus erfahrenen Veteranen und aufstrebenden Talenten, die das Potenzial haben, das Turnier zu prägen. Einige der Schlüsselspieler, die voraussichtlich eine entscheidende Rolle für Deutschland spielen werden sind:

Manuel Neuer – Der Rückhalt

Als einer der weltbesten Torhüter seiner Generation bringt Manuel Neuer eine Mischung aus Erfahrung, Führungsqualität und außergewöhnlichem Können mit. Bekannt für sein Spiel außerhalb des Strafraums und seine Reflexe, ist Neuer nicht nur eine letzte Verteidigungslinie, sondern auch der erste Spielmacher. Seine Fähigkeit, das Spiel zu lesen und schnelle Entscheidungen zu treffen, wird für Deutschland von unschätzbarem Wert sein.

Joshua Kimmich – Das Mittelfeldgenie

Joshua Kimmich, bekannt für seine Vielseitigkeit, Präzision und Spielintelligenz, ist das Herzstück des deutschen Mittelfelds. Kimmichs Fähigkeit, das Spiel zu kontrollieren, Schlüsselpässe zu liefern und selbst aus der Distanz zu treffen, macht ihn zu einem der einflussreichsten Spieler auf dem Feld. Seine Partnerschaften im Mittelfeld, möglicherweise mit Spielern wie İlkay Gündoğan oder Toni Kroos, werden entscheidend sein, um den Rhythmus des Spiels zu bestimmen.

İlkay Gündoğan – Der Strategische

İlkay Gündoğan ist ein weiterer Schlüsselspieler im deutschen Mittelfeld, der für seine strategische Spielweise, seine Passgenauigkeit und sein Auge für das Tor bekannt ist. Gündoğans Erfahrung auf höchstem Niveau, sowohl in der Bundesliga als auch in der Premier League, hat ihn zu einem der klügsten Mittelfeldspieler seiner Generation gemacht. Seine Fähigkeit, Spiele zu lenken und entscheidende Tore zu erzielen, wird für das deutsche Team von großer Bedeutung sein.

Leroy Sané – Der Flügelflitzer

Auf den Flügeln wird Leroy Sané voraussichtlich eine Schlüsselrolle spielen. Bekannt für seine atemberaubende Geschwindigkeit, technische Fertigkeiten und Fähigkeit, aus dem Nichts Tore zu erzielen, bringt Sané eine Dynamik ins deutsche Spiel, die schwer zu verteidigen ist. Seine Duelle an der Seitenlinie und seine Kombinationen mit den Stürmern könnten entscheidend sein, um die Verteidigungslinien der Gegner zu durchbrechen.

Jamal Musiala – Das Wunderkind

Jamal Musiala, das junge Talent in der Mitte des Parks, hat bereits gezeigt, dass Alter nur eine Zahl ist. Mit seiner bemerkenswerten Technik, seinem Selbstvertrauen am Ball und seiner Fähigkeit, sowohl Tore zu schießen als auch vorzubereiten, repräsentiert Musiala die nächste Generation deutscher Fußballer. Seine Entwicklung und sein Beitrag zur Mannschaft könnten eine der spannendsten Geschichten des Turniers werden.

Kai Havertz – Der vielseitige Angreifer

Im Angriff wird Kai Havertz voraussichtlich eine zentrale Rolle spielen. Havertz, der für seine Vielseitigkeit, seine Fähigkeit, in entscheidenden Momenten aufzutauchen, und seine klinische Effizienz vor dem Tor bekannt ist, kann sowohl als klassische „Neun“ als auch in einer tieferen Rolle spielen. Seine Fähigkeit, sich im Strafraum zu positionieren und Chancen zu kreieren, wird für das deutsche Team von unschätzbarem Wert sein.
Doch über ihre sportlichen Fähigkeiten hinaus haben viele dieser Spieler inspirierende Geschichten zu erzählen, die von harten Anfängen, überwundenen Verletzungen und persönlichen Herausforderungen reichen. Einer dieser Spieler ist

Marco Reus

Marco Reus, geboren in Dortmund, wuchs mit dem Traum auf, Profifußballer zu werden. Seine frühen Jahre bei Borussia Dortmund und später bei Rot Weiss Ahlen zeigten sein außergewöhnliches Talent. Doch es war seine Zeit bei Borussia Mönchengladbach, die ihn als einen der aufregendsten deutschen Spieler seiner Generation etablierte. Reus kombinierte Geschwindigkeit, Technik und ein außergewöhnliches Gespür für das Tor, was ihn schnell in den Fokus größerer Clubs brachte. Just als Reus dabei war, sich auf der internationalen Bühne einen Namen zu machen, begann eine Reihe von Verletzungen seine Karriere zu überschatten. Am tragischsten war seine Verletzung unmittelbar vor der Weltmeisterschaft 2014, ein Turnier, das Deutschland gewann. Reus, der als Schlüsselspieler für das Turnier galt, musste von zu Hause aus zusehen, wie seine Teamkollegen den Pokal in die

Höhe hielten. Diese Erfahrung war herzzerreißend für Reus und hätte viele Spieler dauerhaft demotivieren können. Doch anstatt sich von diesen Rückschlägen besiegen zu lassen, kämpfte Reus mit einer bewundernswerten Mischung aus Willenskraft und Demut zurück. Jede Verletzung, jede Enttäuschung stählte seinen Charakter, während er unermüdlich an seiner Rückkehr arbeitete. Seine Comebacks bei Borussia Dortmund zeigten nicht nur seine unbestrittene Klasse auf dem Spielfeld, sondern auch seinen unauslöschlichen Geist. Als Kapitän von Borussia Dortmund hat Reus seine Führungsqualitäten sowohl auf als auch abseits des Spielfelds unter Beweis gestellt. Seine Fähigkeit, das Team in schwierigen Zeiten zu inspirieren und jungen Spielern ein Vorbild zu sein, spiegelt die Tiefe seines Charakters wider. Reus ist nicht nur für seine Tore und Assists bekannt, sondern auch für seine Einstellung, seine Arbeitsmoral und seinen unerschütterlichen Glauben an die Mannschaft. Marco Reus mag bei der EM 2024 vielleicht nicht der jüngste Spieler sein, und sein Körper trägt die Narben zahlreicher Schlachten, aber seine Geschichte ist eine der inspirierendsten im modernen Fußball. Sie ist ein Testament für die Kraft des menschlichen Geistes und dafür, wie Leidenschaft und Hingabe einen durch die dunkelsten Stunden tragen können. Reus lehrt uns, dass es nicht die Niederlagen sind, die uns definieren, sondern wie wir darauf reagieren und was wir daraus lernen.

Während Marco Reus und seine inspirierende Geschichte vielen Fußballfans bekannt sind, bleibt seine Teilnahme an der EM 2024 ungewiss, da der endgültige Kader Deutschlands noch nicht feststeht. Die Bekanntgabe des Kaders durch Bundestrainer Julian Nagelsmann wird mit Spannung erwartet. Bislang wurde „Mitte Mai“ als Zeitraum für eine vorläufige Nominierung kommuniziert, wobei der endgültige Termin für die Kaderbekanntgabe von der UEFA auf den 7. Juni festgelegt wurde. Dies gibt dem Trainerstab eine letzte Gelegenheit, die Form und Fitness der Spieler zu bewerten, bevor die endgültigen 23 Namen bei der UEFA eingereicht werden müssen.

WELCHE SPIELER WERDEN AUF DEM FELD STEHEN?

Die Spannung steigt, während Fans und Experten gleichermaßen spekulieren, welche Spieler das Privileg haben werden, Deutschland auf heimischem Boden zu repräsentieren. Einige Namen gelten als gesetzt: **Manuel Neuer** und **Marc-André ter Stegen** werden voraussichtlich das Torhüterduo bilden, unterstützt von **Bernd Leno**, der gute Chancen auf einen Kaderplatz hat. In der Verteidigung scheinen **Antonio Rüdiger**, **Jonathan Tah**, **Joshua Kimmich** und **Maximilian Mittelstädt** sichere Wahl zu sein, mit Spielern wie **David Raum** und **Benjamin Henrichs**, die ebenfalls gute Chancen auf eine Teilnahme haben. Das Mittelfeld könnte von erfahrenen Spielern wie **İlkay Gündoğan**, **Toni Kroos** und jungen Talenten wie **Florian Wirtz** und **Jamal Musiala** geprägt sein. **Leroy Sané's** explosive Schnelligkeit wird auf den Flügeln erwartet, während **Pascal Groß** und **Robert Andrich** möglicherweise überraschende, aber wertvolle Ergänzungen darstellen. Im Angriff sind **Niclas Füllkrug**, **Thomas Müller** und **Kai Havertz** Namen, auf die man zählen kann, mit **Deniz Undav** und **Maximilian Beier**, die als vielversprechende Talente gelten. Doch es sind die potenziellen Überraschungen wie **Youssoufa Moukoko** und die mögliche Rückkehr von erfahrenen Spielern wie **Marco Reus**, die die Auswahl besonders spannend machen.

Die Entscheidung, wer letztendlich den Sprung in den Kader schafft, hängt von einer Reihe von Faktoren ab, nicht zuletzt von der Form und Fitness der Spieler in den Wochen vor dem Turnier. Verletzungen, die Form in der Liga und die Taktik des Bundestrainers werden alle eine Rolle spielen, wenn es darum geht, die beste Mannschaft zusammenzustellen, um Deutschland zum Erfolg zu führen. Für die Spieler, die es schließlich in den Kader schaffen, bietet die EM 2024 die einmalige Chance, sich auf der größten Bühne des europäischen Fußballs zu beweisen. Für die Fans ist es eine Gelegenheit, die nächsten Kapitel in den Geschichten ihrer Helden zu erleben – Geschichten von Triumph, Entschlossenheit und vielleicht sogar von unerwarteten Wendungen, die das Fußballherz höherschlagen lassen.

Unabhängig davon, wie der endgültige Kader aussieht, steht fest, dass die deutsche Nationalmannschaft eine Mischung aus erfahrenen Veteranen und aufregenden neuen Talenten auf das Feld bringen wird, alle vereint in dem Bestreben, den Kontinent zu erobern und die EM-Trophäe nach Hause zu holen.

MÖGLICHER KADER FÜR DIE EM 2024 IN DEUTSCHLAND

Position: Tor	
Spieler	**Klub**
Marc-André ter Stegen	FC Barcelona
Manuel Neuer	Bayern München
Bernd Leno	Fulham
Oliver Baumann	TSG Hoffenheim

Position: Abwehr	
Spieler	**Klub**
Joshua Kimmich	Bayern München
Antonio Rüdiger	Real Madrid
Jonathan Tah	Bayer Leverkusen
David Raum	RB Leipzig
Benjamin Henrichs	RB Leipzig
Maximilian Mittelstädt	VfB Stuttgart
Waldemar Anton	VfB Stuttgart
Jan-Niklas Beste	FC Heidenheim

Position: Mittelfeld	
Spieler	**Klub**
İlkay Gündoğan	FC Barcelona
Toni Kroos	Real Madrid
Florian Wirtz	Bayer Leverkusen
Jamal Musiala	Bayern München
Pascal Groß	Brighton & Hove Albion
Robert Andrich	Bayer Leverkusen
Chris Führich	VfB Stuttgart
Aleksandar Pavlovic	Bayern München

Position: Angriff	
Spieler	**Klub**
Leroy Sané	Bayern München
Thomas Müller	Bayern München
Niclas Füllkrug	Borussia Dortmund
Kai Havertz	FC Arsenal
Maximilian Beier	TSG Hoffenheim
Deniz Undav	VfB Stuttgart

UNDERDOGS DER EM 2024

Unabhängig davon, wie der endgültige Kader aussieht, steht fest, dass die deutsche Nationalmannschaft eine Mischung aus erfahrenen Veteranen und aufregenden neuen Talenten auf das Feld bringen wird, alle vereint in dem Bestreben, den Kontinent zu erobern und die EM-Trophäe nach Hause zu holen.

Alexander Nübel – Das Torhütertalent

Mit Manuel Neuer und Marc-André ter Stegen verfügt Deutschland über zwei Weltklasse-Torhüter. Doch Alexander Nübel, einst als Neuers Nachfolger bei Bayern München gehandelt, könnte überraschend ins Rampenlicht rücken. Nach einer Leihe, die ihm mehr Spielpraxis verschafft hat, könnte Nübels starke Physis, Reaktionsgeschwindigkeit und seine Fähigkeit, das Spiel von hinten aufzubauen, ihn zu einer interessanten Option für den Kader machen.

Steckbrief
Name: Alexander Nübel
Geburtsdatum: 30. September 1996
Geburtsort: Paderborn, Deutschland
Position: Torwart
Größe: 1,93 m

Karriere im Überblick:
⚽ Jugendvereine: Alexander Nübel startete seine Fußballkarriere in der Jugend von SC Paderborn 07, bevor er 2015 zu Schalke 04 wechselte.
⚽ Profikarriere: Bei Schalke 04 rückte Nübel schnell in die erste Mannschaft auf und wurde im Laufe der Zeit zum Stammtorhüter. Seine beeindruckenden Leistungen auf dem Spielfeld zogen die Aufmerksamkeit von Bayern München auf sich, wo er 2020 einen Vertrag unterschrieb.

⚽ Leihphasen: Um Spielpraxis auf höchstem Niveau zu sammeln, wurde Nübel an andere Vereine ausgeliehen. Diese Erfahrungen halfen ihm, sein Können und seine Reaktionsschnelligkeit weiter zu verbessern.

Stärken:

💪 Reaktionsschnelligkeit: Nübel ist bekannt für seine außergewöhnliche Fähigkeit, schnell auf Schüsse und gefährliche Situationen im Strafraum zu reagieren.

💪 Spiel mit dem Fuß: Sein präzises Spiel mit dem Fuß macht ihn zu einem modernen Torwart, der effektiv am Spielaufbau seiner Mannschaft teilnehmen kann.

💪 Luftbeherrschung: Seine Größe und sein Timing ermöglichen es ihm, in der Luft dominierend zu agieren, was besonders bei Standardsituationen von Vorteil ist.

Interessante Fakten:

💡 Führungsqualität: Trotz seiner jungen Jahre übernahm Nübel bei Schalke die Kapitänsbinde, was sein Führungsvermögen und seine Persönlichkeit auf dem Platz unterstreicht.

💡 Entwicklung: Nübel gilt als einer der talentiertesten Torhüter seiner Generation in Deutschland, mit dem Potenzial, in die Fußstapfen deutscher Torhüterlegenden zu treten.

Luca Netz und Josha Vagnoman – Die frischen Kräfte in der Abwehr

In der Verteidigung könnten Luca Netz und Josha Vagnoman zu den Überraschungen gehören. Beide sind talentierte junge Spieler, die mit starken Leistungen auf Clubebene auf sich aufmerksam gemacht haben. Ihre Energie, Schnelligkeit und technische Fähigkeiten könnten frischen Wind in die deutsche Abwehr bringen, insbesondere in Spielen, die ein hohes Maß an Dynamik erfordern.

Mittelfeld – Die Kreativzentrale

Das deutsche Mittelfeld ist traditionell stark besetzt, doch Spieler wie Angelo Stiller, Felix Nmecha, und Grischa Prömel könnten als mögliche Überraschungen in den Vordergrund treten. Sie alle bringen unterschiedliche Qualitäten mit – von Stillers präzisem Passspiel über Nmechas Dynamik bis zu Prömels defensiver Stärke – und könnten für taktische Varianten sorgen.

Youssoufa Moukoko – Das Sturmjuwel

Im Angriff ist Youssoufa Moukoko der Name, der für Aufregung sorgt. Trotz seines jungen Alters hat Moukoko bereits bewiesen, dass er auf höchstem Niveau mithalten kann. Seine außergewöhnliche Torquote in den Jugendmannschaften und erste Erfolge in der Bundesliga lassen erahnen, dass er bereit ist, auf der großen Bühne zu glänzen. Moukokos Schnelligkeit, Technik und Instinkt vor dem Tor könnten ihm helfen, sich als Geheimwaffe für Deutschland zu etablieren.

Steckbrief
Name: Youssoufa Moukoko
Geburtsdatum: 20. November 2004
Geburtsort: Yaoundé, Kamerun
Position: Stürmer
Größe: 1,79 m

Karriere im Überblick:
⚽ Jugendvereine: Moukokos beeindruckende Fußballreise begann beim FC St. Pauli, wo er bereits in jungen Jahren seine Torgefährlichkeit unter Beweis stellte. Sein Talent führte ihn schnell zu einem der renommiertesten Fußballakademien Deutschlands, Borussia Dortmund, wo er sich weiterentwickelte und in sämtlichen Jugendkategorien herausragende Leistungen zeigte.

Stärken:

💪 Reaktionsschnelligkeit: Nübel ist bekannt für seine außergewöhnliche Fähigkeit, schnell auf Schüsse und gefährliche Situationen im Strafraum zu reagieren.

💪 Spiel mit dem Fuß: Sein präzises Spiel mit dem Fuß macht ihn zu einem modernen Torwart, der effektiv am Spielaufbau seiner Mannschaft teilnehmen kann.

💪 Luftbeherrschung: Seine Größe und sein Timing ermöglichen es ihm, in der Luft dominierend zu agieren, was besonders bei Standardsituationen von Vorteil ist.

Interessante Fakten:

💡 Führungsqualität: Trotz seiner jungen Jahre übernahm Nübel bei Schalke die Kapitänsbinde, was sein Führungsvermögen und seine Persönlichkeit auf dem Platz unterstreicht.

💡 Entwicklung: Nübel gilt als einer der talentiertesten Torhüter seiner Generation in Deutschland, mit dem Potenzial, in die Fußstapfen deutscher Torhüterlegenden zu treten.

DER COUNTDOWN LÄUFT:
DER WEG ZUM FINALE

Der Weg zum Finale ist gepflastert mit packenden Duellen, unerwarteten Wendungen und Geschichten von Triumph und Enttäuschung, die in den Herzen der Fans ewig weiterleben werden. Mit dem interaktiven Spielplan in diesem Buch kannst du nicht nur den Verlauf des Turniers verfolgen, sondern auch deine eigenen Tipps abgeben. Wer schlägt wen? Welche Mannschaften überraschen? Und wer hebt am Ende die begehrte Trophäe in die Höhe? Dein Fußballwissen und deine Intuition werden auf die Probe gestellt.

WIE ES FUNKTIONIERT:

Spielplan überblicken:

Wirf einen Blick auf den Spielplan und die Begegnungen.

Tipps eintragen:

Neben jedem Spiel ist Platz für deinen Tipp. Wer gewinnt? Oder endet es unentschieden? Dein Ruf als Fußballorakel steht auf dem Spiel!

Ergebnisse vergleichen:

Sobald die Spiele vorüber sind, kannst du die tatsächlichen Ergebnisse mit deinen Vorhersagen abgleichen. Wie viele hast du richtig getippt?

SPIELPLAN

GRUPPENPHASE

14. Juni 2024

Gruppe A (München, 21 Uhr)

Deutschland | Schottland

TIPP

15. Juni 2024

Gruppe A (Köln, 15 Uhr)

Ungarn | Schweiz

TIPP

Gruppe B (Berlin, 18 Uhr)

Spanien | Kroatien

TIPP

Gruppe B (Dortmund, 21 Uhr)

Italien | Albanien

TIPP

16. Juni 2024

Gruppe D (Hamburg, 15 Uhr)

Polen | Niederlande

TIPP

:

Gruppe C (Stuttgart, 18 Uhr)

Slowenien | Dänemark

TIPP

:

Gruppe C (Gelsenkirchen, 21 Uhr)

Serbien | England

TIPP

:

17. Juni 2024

Gruppe E (München, 15 Uhr)

Rumänien | Ukraine

TIPP

□ : □

Gruppe E (Frankfurt, 18 Uhr)

Belgien | Slowakei

TIPP

□ : □

Gruppe D (Düsseldorf, 21 Uhr)

Österreich | Frankreich

TIPP

□ : □

18. Juni 2024

Gruppe F (Dortmund, 18 Uhr)

Türkei | Georgien

TIPP

□ : □

Gruppe F (Leipzig, 21 Uhr)

Portugal | Tschechien

TIPP

□ : □

19. Juni 2024

Gruppe B (Hamburg, 15 Uhr)

Kroatien | Albanien

TIPP :

Gruppe A (Stuttgart, 18 Uhr)

Deutschland | Ungarn

TIPP :

Gruppe A (Köln, 21 Uhr)

Schottland | Schweiz

TIPP :

20. Juni 2024

Gruppe C (München, 15 Uhr)

Slowenien | Serbien

TIPP :

Gruppe C (Frankfurt, 18 Uhr)

Dänemark | England

TIPP :

Gruppe B (Gelsenkirchen, 21 Uhr)

Spanien | Italien — TIPP ☐ : ☐

21. Juni 2024

Gruppe E (Düsseldorf, 15 Uhr)

Slowakei | Ukraine — TIPP ☐ : ☐

Gruppe D (Berlin, 18 Uhr)

Polen | Österreich — TIPP ☐ : ☐

Gruppe D (Leipzig, 21 Uhr)

Niederlande | Frankreich — TIPP ☐ : ☐

22. Juni 2024

Gruppe F (Hamburg, 15 Uhr)

Georgien | Tschechien

TIPP

:

Gruppe F (Dortmund, 18 Uhr)

Türkei | Portugal

TIPP

:

Gruppe E (Köln, 21 Uhr)

Belgien | Rumänien

TIPP

:

23. Juni 2024

Gruppe A (Frankfurt, 21 Uhr)

Schweiz | Deutschland

TIPP

:

Gruppe A (Stuttgart, 21 Uhr)

Schottland | Ungarn

TIPP

:

24. Juni 2024

Gruppe B (Leipzig, 21 Uhr)

Kroatien | Italien

TIPP

:

Gruppe B (Düsseldorf, 21 Uhr)

Albanien | Spanien

TIPP

:

25. Juni 2024

Gruppe D (Berlin, 18 Uhr)

Niederlande | Österreich

TIPP

:

Gruppe D (Dortmund, 18 Uhr)

Frankreich | Polen

TIPP

:

Gruppe C (Köln, 21 Uhr)

England | Slowenien

TIPP

:

Gruppe C (München, 21 Uhr)

Dänemark | Serbien

TIPP ☐ : ☐

26. Juni 2024

Gruppe E (Frankfurt, 18 Uhr)

Slowakei | Rumänien

TIPP ☐ : ☐

Gruppe E (Stuttgart, 18 Uhr)

Ukraine | Belgien

TIPP ☐ : ☐

Gruppe F (Hamburg, 21 Uhr)

Tschechien | Türkei

TIPP ☐ : ☐

Gruppe F (Gelsenkirchen, 21 Uhr)

Georgien | Portugal

TIPP ☐ : ☐

Ruhetage am 27. und 28. Juni

ACHTELFINALE

29. Juni 2024

Spiel 38 (Berlin, 18 Uhr)

TIPP

2A | 2A ☐ : ☐

Spiel 37 (Dortmund, 21 Uhr)

TIPP

1A | 2C ☐ : ☐

30. Juni 2024

Spiel 40 (Gelsenkirchen, 18 Uhr)

TIPP

1C | 3D/E/F ☐ : ☐

Spiel 39 (Köln, 21 Uhr)

TIPP

1B | 3A/D/E/F ☐ : ☐

01. Juli 2024

Spiel 42 (Düsseldorf, 18 Uhr)

		TIPP
2D	2E	☐ : ☐

Spiel 41 (Frankfurt, 21 Uhr)

		TIPP
1F	3A/B/C	☐ : ☐

02. Juli 2024

Spiel 43 (München, 18 Uhr)

		TIPP
1E	3A/B/C/D	☐ : ☐

Spiel 44 (Leipzig, 21 Uhr)

		TIPP
1D	2F	☐ : ☐

Ruhetage am 3. und 4. Juli

VIERTELFINALE

05. Juli 2024

Spiel 45 (Stuttgart, 18 Uhr)

TIPP

Sieger 39	Sieger 37	☐ : ☐

Spiel 46 (Hamburg, 21 Uhr)

TIPP

Sieger 41	Sieger 42	☐ : ☐

06. Juli 2024

Spiel 48 (Düsseldorf, 18 Uhr)

TIPP

Sieger 48	Sieger 37	☐ : ☐

Spiel 47 (Berlin, 21 Uhr)

TIPP

Sieger 43	Sieger 44	☐ : ☐

Ruhetage am 7. und 8. Juli

HALBFINALE

09. Juli 2024

Spiel 49 (München, 21 Uhr)

		TIPP
Sieger 45	**Sieger 46**	☐ : ☐

10. Juli 2024

Spiel 50 (Dortmund, 21 Uhr)

		TIPP
Sieger 47	**Sieger 48**	☐ : ☐

Ruhetage am 11., 12. und 13. Juli

FINALE

14. Juli 2024

Spiel 51 (Berlin, 21 Uhr)

		TIPP
Sieger 49	**Sieger 50**	☐ : ☐

Deine Gruppensieger-Vorhersage

Hier notierst du, welche Teams deiner Meinung nach als Sieger aus ihren jeweiligen Gruppen hervorgehen werden. Denk daran, dass im Fußball alles möglich ist, also lass deiner Vorstellungskraft freien Lauf!

Group A	
Group B	
Group C	
Group D	
Group E	
Group F	
Group G	
Group H	

Dein Tipp für den Top-Torschützen:

Welcher Spieler wird deiner Meinung nach das Turnier dominieren und die meisten Tore schießen? Es könnte der etablierte Superstar sein, der immer liefert, oder vielleicht ein aufstrebender Held, der bereit ist, alle zu überraschen.

Top-Torschütze:	

Deine Vorhersage für den Europameister:

Das ist der große Moment. Wer wird den Pokal in die Höhe heben und sich zum Meister von Europa krönen? Wähle weise – diese Entscheidung könnte dein größter Fußballvorhersage-Triumph werden!

Europameister

Extra-Prognosen:

Erstes Team, das ein Tor im Turnier schießt:

Spieler mit den meisten gelben Karten:

Überraschungsteam des Turniers:

Das Team mit der besten Defensive (wenigste Gegentore):

Das Team mit dem schnellsten Tor:

Spieler mit der meisten Spielzeit (inklusive Verlängerungen):

Erster Spieler, der einen Elfmeter verwandelt:

Team mit den meisten Toren in der Gruppenphase:

Spieler mit den meisten Assists:

Mannschaft mit der überraschendsten Taktik:

TEIL II

UNNÜTZES WISSEN & KURIOSE FAKTEN

HISTORISCHE KURIOSITÄTEN

LEGENDÄRE SPIELE: DIE SELTSAMSTEN WENDUNGEN AUF DEM RASEN

1

Das längste Elfmeterschießen der Geschichte

Während Elfmeterschießen für gewöhnlich schnell vorüber sind, sprengte das Pokalspiel zwischen dem AS Namibia Windhoek und KK Palace in Namibia 2005 alle Rekorde. Nach einem 2:2-Unentschieden mussten unglaubliche 48 Elfmeter geschossen werden, bevor ein Sieger feststand. Das Spiel zog sich so lange hin, dass man befürchten musste, die Spieler würden vor Erschöpfung umfallen oder das Spiel wegen Dunkelheit abgebrochen werden müsste.

2

Der geisterhafte Torjubel

Im Jahr 1994 erlebte Barbados gegen Grenada in der Qualifikation für die Karibikmeisterschaft eines der kuriosesten Spiele aller Zeiten. Barbados benötigte einen Sieg mit zwei Toren Unterschied, um weiterzukommen. Als Grenada ein Tor schoss, machte sich Barbados die skurrile Turnierregel zunutze, dass Tore in der Verlängerung doppelt zählen. Sie schossen absichtlich ein Eigentor, um das Spiel in die Verlängerung zu bringen, wo sie dann das entscheidende „doppelte“ Tor erzielten. Die letzten Minuten des Spiels sahen Grenada versuchen, in jedes Tor zu schießen – ihr eigenes eingeschlossen – während Barbados beide Tore verteidigte.

3

Der unsichtbare Freistoß

Im Jahr 1978 führte Manchester City gegen Coventry City einen der ungewöhnlichsten Freistöße in der Geschichte des Fußballs aus. Der Spieler von Manchester City legte sich auf den Boden und rollte den Ball mit der Nase vorwärts, um seinen Mitspielern den Freistoß zuzuspielen. Die Aktion war so überraschend, dass die Gegner einige Sekunden benötigten, um zu realisieren, was passiert war. Leider wurde das Tor, das daraus resultierte, nicht gegeben, aber die Aktion bleibt in Erinnerung als einer der kreativsten – wenn auch erfolglosen – Momente auf dem Spielfeld.

4

Das Spiel, das nie endete

Im Jahr 1993 sollte das Spiel zwischen den Teams Barbados und Grenada entscheiden, wer im Shell Caribbean Cup weiterkommt. Aufgrund einer kuriosen Regel, dass Tore in der Verlängerung doppelt zählen, schoss Barbados in den letzten Minuten ein absichtliches Eigentor, um das Spiel in die Verlängerung zu bringen und eine bessere Chance zu haben, mit zwei Toren Unterschied zu gewinnen. Das Ergebnis war ein bizarrer Schlagabtausch, bei dem beide Teams versuchten, in jedes Tor zu treffen – einschließlich ihres eigenen.

5

Das verkehrte Spiel

Im Jahr 1999 fand ein Spiel in Madagaskar zwischen Stade Olympique de L'Emyrne und AS Adema statt, das in die Geschichte einging, allerdings aus den falschen Gründen. Aus Protest gegen eine umstrittene Schiedsrichterentscheidung in einem vorherigen Spiel entschied sich Stade Olympique de L'Emyrne dafür, das gesamte Spiel gegen AS Adema durchgehend in ihr eigenes Tor zu schießen. Das Spiel endete mit einem unglaublichen 149:0 für AS Adema, was den Weltrekord für die höchste Niederlage in einem Fußballspiel markiert.

SPIELER UND TRAINER

EXZENTRISCHE SPIELER: DIE UNGEWÖHNLICHSTEN HOBBYS UND GEWOHNHEITEN

1

Mario Balotelli und seine Haustier-Schweinchen

Mario Balotelli, bekannt für seine Eskapaden auf und neben dem Platz, überraschte einmal mehr, als er sich ein Schwein als Haustier zulegte. Das Schweinchen, liebevoll „Super" genannt, war regelmäßig Gegenstand von Balotellis Beiträgen in sozialen Medien. Diese ungewöhnliche Wahl eines Haustiers unterstreicht Balotellis Neigung, gegen den Strom zu schwimmen und seine individuelle Persönlichkeit zu betonen.

2

Gareth Bale, der Golf-Liebhaber

Der walisische Fußballstar Gareth Bale ist bekannt für seine Leidenschaft für Golf, die so weit geht, dass er in seinem Haus in Wales einen maßstabsgetreuen Nachbau der berühmten Golfbahn des 17. Lochs des TPC at Sawgrass angelegt hat. Diese Hingabe zum Golf brachte ihm von seinen Teamkollegen bei Real Madrid den Spitznamen „The Golfer" ein und führte zu Spekulationen über seine Prioritäten – besonders in Zeiten, in denen er verletzt war oder auf der Bank saß.

3

Djibril Cissé, der DJ und Modeschöpfer

Der ehemalige französische Nationalspieler Djibril Cissé hat eine besondere Leidenschaft für Musik und Mode. Neben seiner Fußballkarriere machte er sich als DJ einen Namen in der Musikszene und gründete sogar seine eigene Modelinie. Cissés Interessen zeigen, dass Fußballer vielseitige Talente besitzen können, die weit über das Spielfeld hinausgehen. Sein Engagement in der Mode- und Musikwelt beweist, dass die Identität eines Spielers ebenso farbenfroh und vielschichtig sein kann wie ihre Leistung auf dem Rasen.

TRAINER TAKTIKEN:
DIE BIZARRSTEN STRATEGIEN NEBEN DEM SPIELFELD

1

John Sitton's Halbzeit-Motivationsmethode

John Sitton, ehemaliger Manager von Leyton Orient in den 1990er Jahren, wurde berühmt (oder berüchtigt) für seine ungewöhnliche Halbzeit-Motivationsstrategie. In einer denkwürdigen Halbzeitansprache, die dank einer Dokumentation aufgezeichnet wurde, bot er seinen Spielern eine handfeste Auseinandersetzung an, um sie zu motivieren. Er kombinierte seine kampfbereiten Angebote mit einer Reihe von Entlassungen direkt in der Kabine, eine Methode, die sicherlich mehr schockierte als motivierte.

2

Paolo Di Canio und der Disziplinar-Einsatz

Der italienische Trainer Paolo Di Canio, bekannt für seine strenge Disziplin, griff zu einer unkonventionellen Methode, um die Pünktlichkeit seines Teams zu verbessern. Bei Swindon Town und Sunderland stellte er Spieler, die zu spät zum Training kamen, an den Pranger, indem er ihre Namen und Vergehen auf einem öffentlichen Anschlagbrett veröffentlichte. Diese Maßnahme sorgte für einige Aufregung, zeigte aber Di Canios Entschlossenheit, Disziplin und Ordnung in seinen Mannschaften zu wahren.

3

Raymond Domenech und die Astrologie

Der ehemalige französische Nationaltrainer Raymond Domenech nutzte eine ungewöhnliche Methode, um über die Aufstellung seines Teams zu entscheiden – die Astrologie. Domenech, der an die Einflüsse der Sterne auf das menschliche Verhalten glaubte, zog angeblich die astrologischen Zeichen seiner Spieler in Betracht, bevor er entschied, wer spielen sollte. Diese Praxis führte zu einigen kontroversen Entscheidungen, einschließlich seiner Zurückhaltung, Spieler mit dem Sternzeichen Skorpion aufzustellen, was für viel Diskussion und Kopfschütteln sorgte.

LEGENDÄRE ZITATE: SPRÜCHE, DIE IN DIE FUSSBALLGESCHICHTE EINGINGEN

1

„Mailand oder Madrid – Hauptsache Italien!"
– Andreas Möller

Dieses Zitat wird oft als Paradebeispiel für Fußballer-Logik zitiert. Möller soll diese Worte angeblich in einem Interview gesagt haben, als er nach seiner bevorzugten Destination für einen Vereinswechsel gefragt wurde. Es unterstreicht humorvoll die manchmal kuriosen Gedankengänge im Profifußball.

2

„They think it's all over ... It is now!"
– Kenneth Wolstenholme

Diese Worte des britischen Kommentators während des WM-Finales 1966, als Geoff Hurst das letzte Tor für England erzielte, sind legendär geworden. Sie fangen den Moment des Triumphes perfekt ein und werden bis heute zitiert.

3

„Fußball ist wie Schach, nur ohne Würfel."
– Lukas Podolski

Podolskis Versuch, die Komplexität des Fußballs zu erklären, brachte dieses unvergessliche Zitat hervor, das für seine humorvolle Verwechslung von Analogien bekannt ist.

4

„Ich habe viel von meinem Geld für Alkohol, Weiber und schnelle Autos ausgegeben, den Rest habe ich einfach verprasst."
– George Best

Der nordirische Fußballer war bekannt für sein talentiertes Spiel und seinen ausschweifenden Lebensstil. Dieses Zitat fasst seine Einstellung zum Leben und Geld mit einem Augenzwinkern zusammen.

5

„In der ersten Halbzeit haben wir ganz gut gespielt, in der zweiten Hälfte haben wir einfach nur noch Gott um Hilfe gebeten."

– Kevin Keegan

Als Trainer gab Keegan dieses ehrliche und humorvolle Statement nach einem besonders herausfordernden Spiel ab, das die Hoffnung und Verzweiflung im Fußball perfekt auf den Punkt bringt.

6

„Zwei Chancen, ein Tor – das nenne ich hundertprozentige Chancenauswertung."

– Roland Wohlfarth

Dieses Zitat stammt von dem ehemaligen deutschen Fußballspieler, der mit seiner Rechenkunst für Heiterkeit sorgte. Es zeigt auf humorvolle Weise, wie Statistiken im Fußball manchmal missverstanden werden können.

7

„Das nächste Spiel ist immer das nächste."

– Matthias Sammer

Der ehemalige deutsche Nationalspieler und Trainer ist bekannt für seine ernsten und fokussierten Interviews. Mit diesem Zitat gab Sammer eine scheinbar offensichtliche, aber tiefgründige Einsicht in die Mentalität des professionellen Fußballsports.

8

„Zwei Chancen, ein Tor – das nenne ich hundertprozentige Chancenauswertung."

– Roland Wohlfarth

Dieses Zitat stammt von dem ehemaligen deutschen Fußballspieler, der mit seiner Rechenkunst für Heiterkeit sorgte. Es zeigt auf humorvolle Weise, wie Statistiken im Fußball manchmal missverstanden werden können.

PEINLICHE MOMENTE: REKORDE, DIE NIEMAND BRECHEN WILL

1

Schnellste Rote Karte

Der englische Fußballspieler Lee Todd erhielt die schnellste Rote Karte in der Geschichte, nur zwei Sekunden nach Anpfiff, weil er „Verdammt, das war laut“ sagte, als der Schiedsrichter das Spiel anpfiff. Seine Beschwerde über die Lautstärke des Anpfiff-Pfiffs kostete ihn das Spiel.

2

Meiste Eigentore in einem Spiel

Der Fußballer Stan van den Buys schrieb 1995 für Germinal Ekeren gegen den RSC Anderlecht ungewollt Geschichte, indem er drei Eigentore in einem Spiel erzielte, ein Rekord, der wohl kaum jemandem zur Nachahmung empfohlen wird.

3

Längstes Spiel ohne Tor

Im Jahr 1993 endete ein Spiel zwischen den schottischen Teams Falkirk und Inverness Caledonian Thistle nach 119 Minuten und 7 Sekunden ohne ein einziges Tor – das längste torlose Spiel in der Geschichte des professionellen Fußballs.

4

Schlechteste Titelverteidigung

Als Titelverteidiger der Premier League schaffte es Leicester City in der Saison 2016/17 nur auf den 12. Platz. Eine der schlechtesten Verteidigungen eines Meistertitels in der Geschichte der Liga.

5

Meiste Gelbe Karten in einem Spiel

Im Jahr 2006, während des FIFA-Weltmeisterschaftsspiels zwischen Portugal und den Niederlanden, wurden insgesamt 16 Gelbe Karten verteilt, ein Rekord für die meisten Gelben Karten in einem einzelnen WM-Spiel.

6

Erstes Eigentor in einem WM-Finale

Im WM-Finale 2018 erzielte der kroatische Spieler Mario Mandžukić das erste Eigentor in der Geschichte der WM-Finale, sicherlich ein Moment, den er lieber vergessen würde.

7

Meiste Niederlagen in einer Saison

Derby County hält den unglücklichen Rekord für die meisten Niederlagen in einer Premier-League-Saison, mit 29 Niederlagen in der Saison 2007/2008.

8

Längste Serie ohne Sieg

Sunderland AFC blieb in der Premier League-Saison 2005/2006 in 20 aufeinanderfolgenden Spielen ohne Sieg, eine Serie, die niemand gerne wiederholen möchte.

9

Höchste Niederlage in einem internationalen Spiel

Australien besiegte Amerikanisch-Samoa im Jahr 2001 mit 31:0, die höchste Niederlage in einem internationalen Fußballspiel, ein Ergebnis, das wohl in keiner sportlichen Biografie Erwähnung finden soll.

10

Schnellstes Eigentor

Der englische Torwart Pat Kruse erzielte 1977 für Torquay United gegen Cambridge United das schnellste Eigentor der Fußballgeschichte, nur sechs Sekunden nach Anpfiff. Eine unglückliche Rekordzeit, die man nicht anstreben möchte.

FANS UND FANKULTUR

UNGLAUBLICHE FANAKTIONEN: VON WITZIG BIS WILD

1

Die Reise des einsamen Deportivo Fan

Im Jahr 2014 reiste ein Deportivo La Coruña Fan 500 Kilometer, um sein Team auswärts spielen zu sehen, nur um festzustellen, dass er der einzige Auswärtsfan im Stadion war. Seine Treue blieb nicht unbemerkt; Bilder von ihm, wie er sein Team anfeuert, gingen viral, und er wurde später von den Spielern und dem Verein für seine Hingabe geehrt.

2

Borussia Dortmunds „Gelbe Wand"

BVB Fans sind bekannt für ihre beeindruckende „Gelbe Wand", eine Tribüne mit über 25.000 stehenden Fans, die für ihre lautstarken Gesänge und choreografierten Displays bekannt ist. Die „Gelbe Wand" gilt als eine der beeindruckendsten Fantribünen weltweit und zeigt die leidenschaftliche Unterstützung und Kreativität der Fußballfans.

3

Islands Viking Clap

Bei der UEFA Euro 2016 führten isländische Fans die Welt in das „Viking Clap" ein – ein langsames Klatschen, begleitet von einem kraftvollen „Huh!"-Ruf. Diese einfache, aber wirkungsvolle Fanaktion wurde schnell von Fans auf der ganzen Welt übernommen und symbolisiert die Einheit und Stärke der Unterstützung, die Fans ihren Teams entgegenbringen können.

REISEBEREITSCHAFT:
DIE EXTREMSTEN FANREISEN ZU AUSWÄRTSSPIELEN

1

Weltumrundung für ein Spiel

Ein Fan von Manchester United reiste 2014 für ein Champions League Spiel gegen Olympiakos von der Insel Diego Garcia im Indischen Ozean nach Griechenland – eine Strecke von über 9.000 Kilometern. Seine Reise umfasste mehrere Flüge und dauerte insgesamt drei Tage, ein eindrucksvolles Zeugnis für seine Hingabe an den Verein.

2

Von Alaska nach Argentinien für die Liebe zum Fußball

Ein argentinischer Fan machte sich 2018 auf eine epische Reise, um die Weltmeisterschaft in Russland zu erleben. Er fuhr mit seinem Motorrad von Alaska bis nach Argentinien und dann weiter nach Russland, um seine Mannschaft zu unterstützen. Die Reise umfasste zwei Kontinente und zahlreiche Länder, was seine unglaubliche Leidenschaft für Fußball und Abenteuer unter Beweis stellte.

FANKULTUR WELTWEIT: EINZIGARTIGE TRADITIONEN AUS VERSCHIEDENEN LÄNDERN

1

Japan – Die sauberen Fans

Bei der Weltmeisterschaft 2014 beeindruckten japanische Fans die Welt, indem sie nach den Spielen im Stadion blieben, um ihren Sitzbereich aufzuräumen. Diese Tradition der Sauberkeit und des Respekts hat sich fortgesetzt und zeigt die tief verwurzelte Kultur der Höflichkeit in Japan.

2

Brasilien – Samba im Stadion

In Brasilien ist Fußball untrennbar mit Samba verbunden. Fans bringen Trommeln und andere Instrumente zu Spielen, um ihre Teams mit lebhafter Musik und Tanz anzufeuern, was die Stadien in ein pulsierendes Fest verwandelt.

3

England – Die Wiege der Fußballgesänge

Englische Fußballfans sind für ihre kreativen und oft humorvollen Gesänge bekannt, die von klassischer Musik bis hin zu Pop-Hits reichen. Diese Gesänge sind ein wesentlicher Bestandteil der Fankultur und tragen dazu bei, die Atmosphäre bei Spielen zu beleben.

4

Türkei – Fackelshows und Leidenschaft

Die Fußballfans in der Türkei, insbesondere die Anhänger von Galatasaray, Besiktas und Fenerbahce, sind berühmt für ihre spektakulären Fackelshows und die intensive Atmosphäre, die sie bei Heimspielen erzeugen. Die leidenschaftliche Unterstützung gilt als eine der hitzigsten weltweit.

UNGEWÖHNLICHE REGELN UND VORFÄLLE

REGELWIDRIGKEITEN: DIE VERRÜCKTESTEN REGELVERSTÖSSE

1

Der unsichtbare Mann im Tor

Im Jahr 2002 versuchte der brasilianische Klub Santos FC, einen vierten Auswechselspieler in einem Pokalspiel einzusetzen, indem sie ihn als Torwart verkleideten, obwohl alle Wechsel schon vollzogen waren. Der Schiedsrichter bemerkte den Schwindel erst, als der „Torwart" zu spielen begann, ohne jemals offiziell eingewechselt worden zu sein.

2

Doppelte Gelbe Karte ohne Folgen

Im Jahr 2006 vergaß der Schiedsrichter Graham Poll während eines WM-Spiels zwischen Kroatien und Australien, Josip Šimunić vom Platz zu stellen, nachdem er ihm drei Gelbe Karten gezeigt hatte. Šimunić blieb bis zur dritten Gelben Karte im Spiel, ein Regelverstoß, der für große Verwirrung sorgte.

3

Das Tor, das keines war

Beim Premier League-Spiel zwischen Watford und Reading im Jahr 2008 gab der Schiedsrichter ein Tor für Reading, obwohl der Ball durch ein Loch im Netz nach außen gegangen war und nie die Torlinie überquert hatte. Dieser Vorfall löste Diskussionen über die Notwendigkeit technischer Hilfsmittel wie dem Torkamera-System aus.

SPIELABBRÜCHE: DIE UNGEWÖHNLICHSTEN GRÜNDE FÜR EIN VORZEITIGES ENDE

1

Tierischer Flitzer

In einem Spiel der bolivianischen Liga im Jahr 2013 musste das Spiel vorübergehend unterbrochen werden, als ein streunender Hund das Spielfeld stürmte. Der Hund schnappte sich den Ball und lief damit über das Feld, was zu heiteren Szenen führte, bis er schließlich eingefangen werden konnte.

2

Orangen-Attacke

Ein Spiel in der argentinischen Liga wurde in den 1980er Jahren abgebrochen, nachdem Fans begannen, Orangen auf das Spielfeld zu werfen. Die Situation eskalierte schnell, als das Spielfeld mit Orangen übersät war und ein sicheres Weiterspielen nicht mehr möglich war.

3

Dunkelheit als Spielverderber

Ein Qualifikationsspiel zur Weltmeisterschaft zwischen Estland und Schottland im Jahr 1996 wurde abgesagt, bevor es überhaupt begonnen hatte. Der Grund: Die Flutlichter im Stadion waren nicht ausreichend, was die Schiedsrichter dazu veranlasste, das Spiel aus Sicherheitsgründen abzubrechen, sehr zum Unmut der angereisten Fans und Spieler.

TEIL III

FUSSBALL-QUIZ & SPIELE

FUSSBALLMYTHEN ENTLARVT: WAHR ODER FALSCH?

BELIEBTE MYTHEN AUF DEM PRÜFSTAND

In diesem interaktiven Spiel wirst du mit Geschichten konfrontiert, die so unglaublich klingen, dass du dich fragen wirst, ob sie wirklich passiert sind oder nur erfunden wurden. Deine Aufgabe ist es, zu entscheiden: Ist die Geschichte wahr oder falsch?

① Der Torwart, der einen Elfmeter mi` m Rücken hielt

Im Jahr 1973, während eines entscheidenden Spiels in der englischen Liga, stand der Torwart von Manchester City, Joe Corrigan, vor einer unglaublichen Herausforderung. Ein Elfmeter wurde gegen sein Team gepfiffen. In einem Moment höchster Spannung rutschte Corrigan beim Versuch, den Schuss zu halten, aus und drehte sich versehentlich um. Unglaublicherweise prallte der Ball von seinem Rücken ab und verfehlte das Tor. Dieser ungewöhnliche "Rückenparade" sicherte Manchester City ein Unentschieden und ging als einer der kuriosesten Momente in die Fußballgeschichte ein.

Ist diese Geschichte wahr oder falsch?

✔ Wahr   ✖ Falsch

② Der Hund, der das FA-Cupfinale rettete

Im Jahr 1923, während des ersten FA-Cup Finales im Wembley-Stadion, bekannt als das „White Horse Final“, wurde das Spiel von einem massiven Zuschauerandrang überschattet. Die Menschenmassen begannen, auf das Spielfeld zu strömen, was eine große Gefahr für Spieler und Fans darstellte. Die Situation wurde durch einen Polizisten auf einem weißen Pferd gerettet, der die Menge zurückdrängte. Was viele jedoch nicht wissen: Ein kleiner Hund spielte ebenfalls eine Schlüsselrolle, indem er durch die Menge lief und die Aufmerksamkeit auf sich zog, was half, die Menschen zurückzudrängen und Raum für das Spiel zu schaffen.

Ist diese Geschichte wahr oder falsch?

✔ **Wahr** ✖ **Falsch**

③ Die gelbe Karte für den Torjubel eines Schiedsrichters

In einem Spiel der brasilianischen Liga feierte der Schiedsrichter nach einem spektakulären Tor so ausgelassen, dass er versehentlich dem Torschützen eine gelbe Karte zeigte. Der Schiedsrichter, der in dem Moment seine professionelle Fassade vergaß, wurde später dafür kritisiert, aber auch gefeiert, weil er die pure Freude am Fußball teilte. Diese kuriose Szene wurde auf Video festgehalten und sorgte weltweit für Lacher und Diskussionen über die menschliche Seite der Schiedsrichter.

Ist diese Geschichte wahr oder falsch?

✔ **Wahr** ✖ **Falsch**

④ Das Phantomtor von Stefan Kießling

Im Jahr 2013, während eines Bundesliga-Spiels zwischen Bayer Leverkusen und der TSG 1899 Hoffenheim, erzielte Stefan Kießling von Leverkusen ein sogenanntes „Phantomtor". Nach einem Kopfball von Kießling ging der Ball scheinbar ins Netz, woraufhin der Schiedsrichter ein Tor gab. Wiederholungen zeigten jedoch, dass der Ball durch ein Loch im Seitennetz ins Tor gelangt war. Das Spiel endete mit einem Sieg für Leverkusen, aber die Kontroverse um das Phantomtor führte zu hitzigen Diskussionen über die Einführung technischer Hilfsmittel wie der Torlinientechnologie im deutschen Fußball. Trotz vielfacher Debatten und der Forderung nach einer Wiederholung des Spiels blieb das Ergebnis bestehen, und das Phantomtor ging als einer der skurrilsten Momente in die Bundesliga-Geschichte ein.

Ist diese Geschichte wahr oder falsch?

✔ **Wahr**　　✖ **Falsch**

⑤ Die Unterbrechung durch ein Drohnenflugspiel

Während eines EM-Qualifikationsspiels 2014 zwischen Serbien und Albanien in Belgrad wurde das Spiel unterbrochen, nachdem eine Drohne, die eine politische Botschaft trug, über das Spielfeld flog. Als ein serbischer Spieler versuchte, die Drohne herunterzuholen, entstand ein Handgemenge zwischen Spielern beider Mannschaften sowie einigen Fans, die auf das Feld stürmten. Das Spiel wurde daraufhin abgebrochen und später von der UEFA offiziell mit 3:0 für Serbien gewertet, obwohl Serbien auch drei Punkte abgezogen wurden. Dieser Vorfall steht exemplarisch für die manchmal brisante Mischung aus Politik und Sport und die unvorhersehbaren Ereignisse, die

Fußballspiele zu mehr als nur sportlichen Wettkämpfen machen können.

Ist diese Geschichte wahr oder falsch?

Wahr Falsch

⑥ Das Spiel, das unter Wasser entschieden wurde

In einem legendären Spiel der unteren englischen Fußballligen im Jahr 1987 soll ein entscheidendes Match zwischen zwei Küstenstädten während eines ungewöhnlich hohen Hochwassers ausgetragen worden sein. Aufgrund der besonderen Bedeutung des Spiels für den Aufstieg entschieden sich beide Teams und der Schiedsrichter, das Spiel trotz des halb überfluteten Spielfelds fortzusetzen. Die Spieler wateten durch knietiefes Wasser, und das Spiel wurde zu einer Schlacht der Entschlossenheit und Ausdauer. Das entscheidende Tor soll dabei erzielt worden sein, indem der Ball unter Wasser durch das Tor des Gegners getrieben wurde – eine Szene, die in die Fußballgeschichte eingegangen wäre, wenn sie denn passiert wäre.

Ist diese Geschichte wahr oder falsch?

Wahr Falsch

LÖSUNGEN:

① Falsch ➡ Diese Geschichte, obwohl sie durchaus plausibel klingt und im Fußball alles möglich scheint, ist frei erfunden und gehört in die Kategorie der urbanen Fußballlegenden.

② Wahr ➡ Das „White Horse Final“ ist eine wahre Begebenheit, und obwohl der Hauptfokus auf dem Polizisten und seinem Pferd liegt, wird in einigen Berichten auch ein kleiner Hund erwähnt, der zur Beruhigung der Situation beitrug. Diese Geschichte unterstreicht, wie unvorhergesehene Helden in entscheidenden Momenten Geschichte schreiben können.

③ Falsch ➡ Diese Geschichte, obwohl sie ein humorvolles Bild malt und sicherlich im Bereich des Möglichen liegt, hat sich so nie zugetragen. Es verdeutlicht jedoch, dass der Fußball immer Raum für Humor und unerwartete Momente lässt.

④ Wahr ➡ Das Phantomtor von Stefan Kießling ereignete sich tatsächlich und spielte eine wichtige Rolle in der anschließenden Einführung der Torlinientechnologie in der Bundesliga, um solche Fehlentscheidungen in Zukunft zu vermeiden.

⑤ Wahr ➡ Das Spiel zwischen Serbien und Albanien wurde tatsächlich durch den unerwarteten Drohnenflug unterbrochen, was zu einem der denkwürdigsten Momente in der Geschichte der Fußballeuropameisterschafts-Qualifikation wurde.

⑥ Falsch ➡ Diese Geschichte, so unterhaltsam sie auch sein mag, ist eine reine Erfindung und hat sich nie ereignet. Sie illustriert jedoch die Liebe und Hingabe zum Fußball, die Fans und Spieler dazu bringen könnte, unter selbst den unwahrscheinlichsten Bedingungen zu spielen.

RÄTSELSPASS FÜR ZWISCHENDURCH

Worträtsel

Suche die versteckten Begriffe (vertikal/horziontal).

J	H	T	I	H	C	P	R	D	C	K	M	C	E	M	T	U	T	M	P
U	H	D	L	G	D	X	N	J	N	H	T	X	N	E	P	Y	G	E	X
O	X	S	G	A	W	F	I	C	O	O	E	H	S	C	U	U	L	I	F
P	A	O	R	W	N	L	U	X	X	H	U	D	F	K	T	U	Y	N	K
J	Y	D	Q	Q	S	V	U	O	V	U	Y	A	U	B	U	Q	K	W	V
U	X	W	N	M	W	X	G	X	S	W	H	L	X	A	L	Y	O	U	N
M	S	V	P	W	W	F	L	A	N	K	E	N	B	L	Q	O	P	R	U
Y	E	M	I	S	I	P	O	Z	J	Y	D	E	F	L	W	F	F	F	U
U	M	D	L	T	A	B	S	E	I	T	S	Z	C	D	C	I	B	R	I
F	L	I	D	F	R	E	I	S	T	O	S	S	Q	Q	N	L	A	V	Y
H	J	Y	O	E	E	R	R	M	T	G	F	E	B	I	O	E	L	E	M
X	T	O	P	T	M	P	N	H	V	M	H	U	H	C	E	H	L	N	V
T	F	W	P	M	T	N	V	A	X	E	G	T	A	C	K	L	I	N	G
Q	C	A	E	I	I	Z	I	D	S	T	Ü	R	M	E	R	R	V	S	V
B	J	H	L	I	C	E	L	F	M	E	T	E	R	D	R	T	L	K	M
M	S	E	P	L	N	W	V	H	D	K	F	Z	Z	R	P	W	Z	Y	Q
J	B	M	A	N	A	C	H	S	P	I	E	L	Z	E	I	T	G	H	L
J	U	J	S	N	R	T	H	O	W	E	C	G	Q	F	I	C	T	I	O
E	Q	J	S	K	E	R	Q	R	F	Y	V	A	Y	S	Y	Q	D	M	G
T	O	J	W	C	V	T	O	R	W	A	R	T	P	A	R	A	D	E	B

Diese Wörter sind versteckt:

1. Abseits
2. Eckball
3. Freistoß
4. Kopfball
5. Elfmeter
6. Doppelpass
7. Flanken
8. Torwartparade
9. Tackling
10. Nachspielzeit
11. Einwurf
12. Stürmer

Lösung:

J	H	T	I	H	C	P	R	D	C	K	M	C	E	M	T	U	T	M	P
U	H	D	L	G	D	X	N	J	N	H	T	X	N	E	P	Y	G	E	X
O	X	S	G	A	W	F	I	C	O	O	E	H	S	C	U	U	L	I	F
P	A	O	R	W	N	L	U	X	X	H	U	D	F	K	T	U	Y	N	K
J	Y	D	Q	Q	S	V	U	O	V	U	Y	A	U	B	U	Q	K	W	V
U	X	W	N	M	W	X	G	X	S	W	H	L	X	A	L	Y	O	U	N
M	S	V	P	W	W	F	L	A	N	K	E	N	B	L	Q	O	P	R	U
Y	E	M	I	S	I	P	O	Z	J	Y	D	E	F	L	W	F	F	F	U
U	M	D	L	T	A	B	S	E	I	T	S	Z	C	D	C	I	B	R	I
F	L	I	D	F	R	E	I	S	T	O	S	S	Q	Q	N	L	A	V	Y
H	J	Y	O	E	E	R	R	M	T	G	F	E	B	I	O	E	L	E	M
X	T	O	P	T	M	P	N	H	V	M	H	U	H	C	E	H	L	N	V
T	F	W	P	M	T	N	V	A	X	E	G	T	A	C	K	L	I	N	G
Q	C	A	E	I	I	Z	I	D	S	T	Ü	R	M	E	R	R	V	S	V
B	J	H	L	I	C	E	L	F	M	E	T	E	R	D	R	T	L	K	M
M	S	E	P	L	N	W	V	H	D	K	F	Z	Z	R	P	W	Z	Y	Q
J	B	M	A	N	A	C	H	S	P	I	E	L	Z	E	I	T	G	H	L
J	U	J	S	N	R	T	H	O	W	E	C	G	Q	F	I	C	T	I	O
E	Q	J	S	K	E	R	Q	R	F	Y	V	A	Y	S	Y	Q	D	M	G
T	O	J	W	C	V	T	O	R	W	A	R	T	P	A	R	A	D	E	B

Diese Wörter sind versteckt:

1. Abseits
2. Eckball
3. Freistoß
4. Kopfball
5. Elfmeter
6. Doppelpass
7. Flanken
8. Torwartparade
9. Tackling
10. Nachspielzeit
11. Einwurf
12. Stürmer

Suche die versteckten Begriffe (vertikal/horziontal).

Q	R	S	X	G	G	S	M	K	I	S	C	H	U	S	S	K	R	A	F	T
F	L	Ü	G	E	L	S	P	I	E	L	E	R	C	J	X	V	I	B	F	M
F	C	H	B	F	A	B	W	E	H	R	S	C	H	L	A	C	H	T	M	I
U	I	X	P	X	O	D	O	W	E	X	M	K	L	M	I	Q	S	F	H	O
F	D	C	L	W	A	E	B	U	C	A	N	B	F	M	O	O	U	T	O	P
N	E	T	O	R	L	I	N	I	E	N	T	E	C	H	N	I	K	P	R	J
S	P	I	E	L	U	N	T	E	R	B	R	E	C	H	U	N	G	T	T	I
T	S	D	T	D	I	O	T	T	V	A	I	H	K	S	G	E	M	T	F	S
U	M	X	C	E	V	V	Y	W	X	Q	O	J	V	X	A	K	X	O	U	O
M	Z	W	E	I	K	A	M	P	F	V	C	X	Y	E	P	N	N	R	V	T
E	D	B	Y	I	J	S	A	D	R	V	X	F	Z	Q	R	R	Y	J	K	T
W	J	M	V	U	M	O	U	Q	N	T	S	D	Q	X	U	L	L	U	Z	R
H	Y	M	T	F	B	U	R	Q	I	F	A	N	K	U	R	V	E	B	Q	T
W	G	I	S	C	H	I	E	D	S	R	I	C	H	T	E	R	A	E	G	N
Y	P	F	N	G	E	B	Y	C	C	L	O	T	H	I	G	P	I	L	I	V
D	U	U	J	E	X	C	D	U	C	B	G	C	U	B	Z	J	C	Z	O	U
J	S	P	I	E	L	M	A	C	H	E	R	Y	S	C	W	T	U	N	X	U
S	T	E	X	N	I	E	N	D	O	Z	V	X	H	Q	D	Z	H	U	J	Q
N	D	F	P	Z	O	H	W	W	L	O	K	O	H	C	Z	Y	F	Q	B	V
V	Z	U	O	H	C	E	D	U	B	H	T	W	P	G	B	Y	W	J	C	D
E	S	I	H	V	E	N	G	N	R	K	I	I	R	J	F	U	L	G	J	J

Diese Wörter sind versteckt:

1. Flügelspieler
2. Schiedsrichter
3. Spielmacher
4. Abwehrschlacht
5. Torlinientechnik
6. Fankurve
7. Schusskraft
8. Torjubel
9. Zweikampf
10. Spielunterbrechung

Lösung:

Q	R	S	X	G	G	S	M	K	I	S	C	H	U	S	S	K	R	A	F	T
F	L	Ü	G	E	L	S	P	I	E	L	E	R	C	J	X	V	I	B	F	M
F	C	H	B	F	A	B	W	E	H	R	S	C	H	L	A	C	H	T	M	I
U	I	X	P	X	O	D	O	W	E	X	M	K	L	M	I	Q	S	F	H	O
F	D	C	L	W	A	E	B	U	C	A	N	B	F	M	O	O	U	T	O	P
N	E	T	O	R	L	I	N	I	E	N	T	E	C	H	N	I	K	P	R	J
S	P	I	E	L	U	N	T	E	R	B	R	E	C	H	U	N	G	T	T	I
T	S	D	T	D	I	O	T	T	V	A	I	H	K	S	G	E	M	T	F	S
U	M	X	C	E	V	V	Y	W	X	Q	O	J	V	X	A	K	X	O	U	O
M	Z	W	E	I	K	A	M	P	F	V	C	X	Y	E	P	N	N	R	V	T
E	D	B	Y	I	J	S	A	D	R	V	X	F	Z	Q	R	R	Y	J	K	T
W	J	M	V	U	M	O	U	Q	N	T	S	D	Q	X	U	L	L	U	Z	R
H	Y	M	T	F	B	U	R	Q	I	F	A	N	K	U	R	V	E	B	Q	T
W	G	I	S	C	H	I	E	D	S	R	I	C	H	T	E	R	A	E	G	N
Y	P	F	N	G	E	B	Y	C	C	L	O	T	H	I	G	P	I	L	I	V
D	U	U	J	E	X	C	D	U	C	B	G	C	U	B	Z	J	C	Z	O	U
J	S	P	I	E	L	M	A	C	H	E	R	Y	S	C	W	T	U	N	X	U
S	T	E	X	N	I	E	N	D	O	Z	V	X	H	Q	D	Z	H	U	J	Q
N	D	F	P	Z	O	H	W	W	L	O	K	O	H	C	Z	Y	F	Q	B	V
V	Z	U	O	H	C	E	D	U	B	H	T	W	P	G	B	Y	W	J	C	D
E	S	I	H	V	E	N	G	N	R	K	I	I	R	J	F	U	L	G	J	J

Diese Wörter sind versteckt:

1. Flügelspieler
2. Schiedsrichter
3. Spielmacher
4. Abwehrschlacht
5. Torlinientechnik
6. Fankurve
7. Schusskraft
8. Torjubel
9. Zweikampf
10. Spielunterbrechung

Suche die versteckten Begriffe (vertikal/horziontal).

C	S	E	R	T	U	D	L	O	R	G	N	J	W	S	Ü	Q	Z
Y	S	V	U	K	O	U	N	T	E	R	Z	A	H	L	B	F	R
J	K	O	P	F	S	T	O	S	S	W	S	Y	P	R	E	B	W
N	A	U	U	C	S	I	S	A	N	S	T	O	S	S	R	S	Y
F	X	Z	I	X	B	V	Y	G	E	H	O	G	V	X	Z	U	D
X	B	U	H	E	B	E	R	A	K	H	I	M	U	W	A	I	F
J	D	U	V	O	L	L	E	Y	S	C	H	U	S	S	H	X	T
N	A	B	S	T	O	S	S	Q	Q	E	L	W	K	T	L	D	Q
W	S	E	I	T	E	N	W	E	C	H	S	E	L	L	U	M	S
F	Q	P	P	F	B	I	Q	H	D	J	P	P	Y	G	X	K	Z
W	B	A	J	T	K	Y	J	R	N	S	G	O	V	T	J	P	D
F	G	W	C	N	M	R	K	U	K	K	W	B	D	C	Y	Y	C
M	U	X	L	T	E	G	R	J	K	M	S	W	L	F	P	E	O
B	V	O	D	H	M	A	E	C	K	S	T	O	S	S	S	B	Y
P	S	C	H	L	U	S	S	P	F	I	F	F	I	Y	O	F	O
T	N	J	G	S	G	A	E	N	E	T	U	C	E	A	W	R	D
N	D	M	Z	W	T	K	M	F	K	H	P	U	H	H	E	H	J
D	C	B	I	B	Q	X	R	O	W	V	L	T	V	T	R	D	X

Diese Wörter sind versteckt:

1. Abstoß
2. Anstoß
3. Eckstoß
4. Kopfstoß
5. Schlusspfiff
6. Seitenwechsel
7. Unterzahl
8. Überzahl
9. Heber
10. Volleyschuss

Lösung:

C	S	E	R	T	U	D	L	O	R	G	N	J	W	S	Ü	Q	Z
Y	S	V	U	K	O	U	N	T	E	R	Z	A	H	L	B	F	R
J	K	O	P	F	S	T	O	S	S	W	S	Y	P	R	E	B	W
N	A	U	U	C	S	I	S	A	N	S	T	O	S	S	R	S	Y
F	X	Z	I	X	B	V	Y	G	E	H	O	G	V	X	Z	U	D
X	B	U	H	E	B	E	R	A	K	H	I	M	U	W	A	I	F
J	D	U	V	O	L	L	E	Y	S	C	H	U	S	S	H	X	T
N	A	B	S	T	O	S	S	Q	Q	E	L	W	K	T	L	D	Q
W	S	E	I	T	E	N	W	E	C	H	S	E	L	L	U	M	S
F	Q	P	P	F	B	I	Q	H	D	J	P	P	Y	G	X	K	Z
W	B	A	J	T	K	Y	J	R	N	S	G	O	V	T	J	P	D
F	G	W	C	N	M	R	K	U	K	K	W	B	D	C	Y	Y	C
M	U	X	L	T	E	G	R	J	K	M	S	W	L	F	P	E	O
B	V	O	D	H	M	A	E	C	K	S	T	O	S	S	S	B	Y
P	S	C	H	L	U	S	S	P	F	I	F	F	I	Y	O	F	O
T	N	J	G	S	G	A	E	N	E	T	U	C	E	A	W	R	D
N	D	M	Z	W	T	K	M	F	K	H	P	U	H	H	E	H	J
D	C	B	I	B	Q	X	R	O	W	V	L	T	V	T	R	D	X

Diese Wörter sind versteckt:

1. Abstoß
2. Anstoß
3. Eckstoß
4. Kopfstoß
5. Schlusspfiff
6. Seitenwechsel
7. Unterzahl
8. Überzahl
9. Heber
10. Volleyschuss

Suche die versteckten Begriffe (vertikal/horziontal).

R	C	M	N	P	P	A	V	X	O	O	F	F	Y	A	Y	G	T	C	E	O	C	O	P
F	F	I	G	D	O	Z	F	X	F	M	A	E	R	S	P	I	F	N	E	S	Z	T	X
J	G	J	S	P	V	K	E	R	E	P	L	A	Z	G	Ö	T	Z	E	C	L	R	J	J
P	Y	H	Y	D	F	N	E	Y	A	K	H	S	S	U	M	I	G	P	T	R	C	G	V
U	Y	E	I	U	I	N	K	R	Q	R	U	T	F	Z	M	K	K	V	O	X	A	J	G
B	M	S	F	W	F	R	J	U	B	O	M	G	V	Z	U	H	P	L	R	L	B	J	M
C	A	H	U	T	M	I	X	D	L	O	M	U	T	P	K	A	N	E	U	E	R	Ö	W
F	T	T	G	X	Y	R	X	H	B	S	E	B	I	E	R	H	O	F	F	O	J	Z	W
T	T	C	H	W	S	Ü	F	Y	B	U	L	R	H	Q	Y	W	Y	E	L	N	O	I	F
A	H	P	E	E	F	D	Q	Y	B	Y	S	E	Z	E	N	X	M	J	B	K	C	L	I
O	Ä	U	B	B	V	I	G	A	I	A	K	L	O	S	E	Q	T	Y	E	U	L	B	D
O	U	M	N	B	W	G	O	I	S	V	T	M	Ü	L	L	E	R	L	C	G	O	H	S
K	S	B	M	A	X	E	W	L	M	Y	X	C	A	I	T	X	I	J	K	C	W	X	Q
I	I	E	S	L	H	R	Y	E	Q	C	N	X	M	E	P	L	X	J	E	S	E	B	E
Q	V	U	T	L	S	C	H	W	E	I	N	S	T	E	I	G	E	R	N	S	G	L	T
W	Z	P	E	A	H	B	S	C	X	Q	C	L	M	X	J	L	U	T	B	H	O	P	I
B	A	O	Z	C	A	G	P	B	G	K	B	A	Q	X	G	Y	T	W	A	U	J	P	N
W	Y	D	W	K	V	Ü	A	W	L	R	A	H	Q	W	G	H	B	C	U	S	A	S	N
W	W	O	E	X	E	N	R	L	Y	A	E	M	R	S	B	Q	J	M	E	N	D	C	M
E	B	L	R	L	R	D	V	Q	G	W	V	B	B	D	K	A	H	N	R	X	K	E	U
H	Q	S	N	J	T	O	K	I	M	M	I	C	H	S	T	D	P	R	Y	T	S	Q	E
F	T	K	E	B	Z	G	L	T	L	H	D	T	P	D	A	D	K	E	D	D	G	T	D
F	D	I	R	H	U	A	D	W	O	L	E	L	V	P	W	Y	G	U	W	V	I	C	S
G	B	O	T	X	N	N	J	S	L	Q	V	Q	I	I	Y	L	X	S	D	O	E	D	H

Diese Wörter sind versteckt:

1. Müller
2. Kimmich
3. Neuer
4. Götze
5. Kroos
6. Hummels
7. Rüdiger
8. Werner
9. Havertz
10. Gündogan
11. Podolski
12. Schweinsteiger
13. Lahm
14. Özil
15. Kahn
16. Ballack
17. Reus
18. Klose
19. Beckenbauer
20. Matthäus
21. Bierhoff

Lösung:

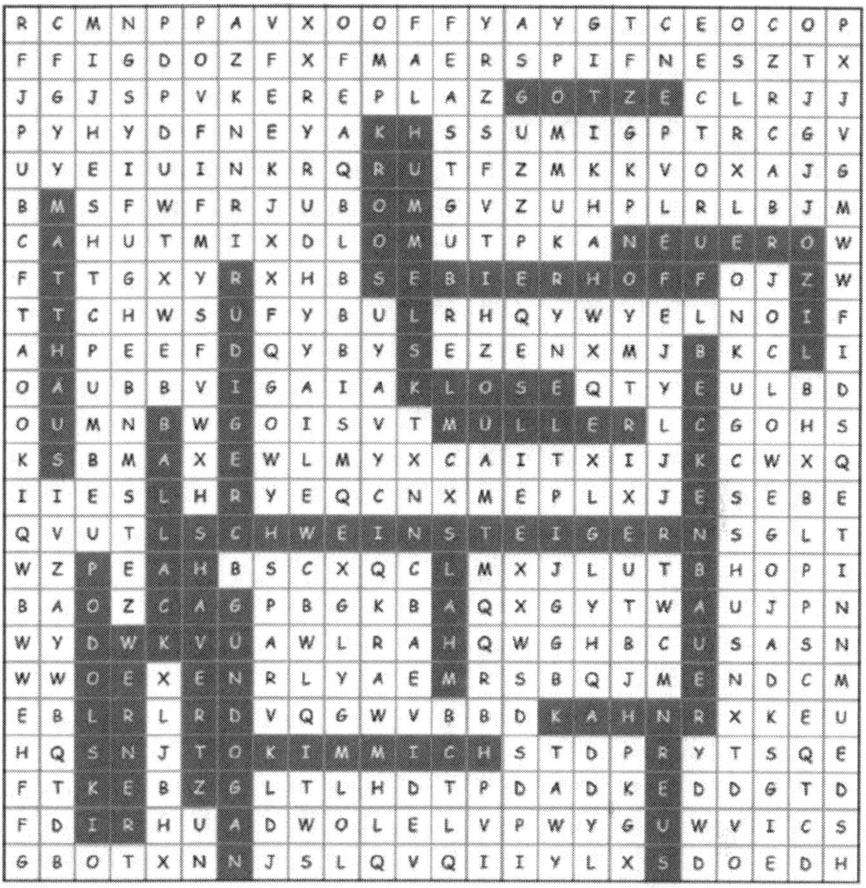

Diese Wörter sind versteckt:

1. Müller
2. Kimmich
3. Neuer
4. Götze
5. Kroos
6. Hummels
7. Rüdiger
8. Werner
9. Havertz
10. Gündogan
11. Podolski
12. Schweinsteiger
13. Lahm
14. Özil
15. Kahn
16. Ballack
17. Reus
18. Klose
19. Beckenbauer
20. Matthäus
21. Bierhoff

Kreuzworträtsel

1. Welcher Spieler erzielte das 'Wunder von Bern'-Endspieltor1954?
2. Wer ist der Rekordnationalspieler Deutschlands?
3. Welcher Torwart wurde als Titan bekannt?
4. Deutscher Fußballspieler, bekannt als ‚Der Kaiser'?
5. Wer schoss das entscheidende Tor im WM-Finale 2014?
6. Welcher deutsche Spieler ist für seine schnellen Sprints auf dem Flügel bekannt und spielt für Bayern München?
7. Welcher deutsche Spieler wurde 1990 in Italien Weltmeister und später Bundestrainer der Nationalmannschaft?
8. Welcher deutsche Mittelfeldspieler wurde 2014 mit dem Goldenen Ball als bester Spieler der WM ausgezeichnet?
9. Dieser Spieler war Kapitän der deutschen Nationalmannschaft, die 1996 die Europameisterschaft gewann.
10. Welcher deutsche Spieler ist bekannt für seinen starken linken Fuß und seine präzisen Freistöße?

Lösung:

2/6 LOTHAR MATTHÄUS
LEROY SANÉ
7 JÜRGEN KLINSMANN
9 JÜRGEN KLINSMANN
10 TONI KROOS
4 FRANZ BECKENBAUER
3 OLIVER KAHN
1 RAHN
5 MARIO GÖTZE
8 TONI KROOS

1. Welcher deutsche Stürmer wurde mit dem Spitznamen 'Bomber der Nation' bekannt?
2. Welcher Spieler führte die deutsche Nationalmannschaft 2014 als Kapitän zum Weltmeistertitel?
3. Wer wurde nach dem WM-Sieg 1990 zum Trainer der deutschen Nationalmannschaft?
4. Dieser ehemalige deutsche Fußballspieler ist auch für seinen 'Panenka'-Elfmeter im Finale der Europameisterschaft 1976 bekannt.
5. Welcher deutsche Torhüter wurde für seine Leistung im WM-Finale 2002 bekannt?
6. Welcher ehemalige deutsche Nationalspieler ist für seine langjährige Karriere bei Arsenal London bekannt?
7. Dieser deutsche Fußballer wurde als einer der besten Mittelfeldspieler seiner Generation angesehen und spielte für Bayern München und Real Madrid.
8. Wer war der Torwart der deutschen Nationalmannschaft beim'Sommermärchen' 2006?
9. Welcher deutsche Spieler ist bekannt für seinen entscheidenden Treffer im EM-Finale 1996 gegen Tschechien?
10. Dieser deutsche Spieler wurde für sein legendäres Tor im Champions-League-Finale 2001 für Bayern München gefeiert.

Lösung:

1 GERD MÜLLER
2 PHILIPP LAHM
3 FRANZ BECKENBAUER
4 ULI HOENESS
5 OLIVER KAHN
6 PER MERTESACKER
7 TONI KROOS
8 JENS LEHMANN
9 OLIVER BIERHOFF
10 STEFAN EFFENBERG

1. Welche Nationalmannschaft gewann die erste FIFA-Weltmeisterschaft im Jahr 1930?
2. Für welchen Verein spielte Lionel Messi, bevor er 2021 zu Paris Saint-Germain wechselte?
3. Welcher Spieler erhielt den Goldenen Schuh als Torschützenkönig der FIFA-Weltmeisterschaft 2018?
4. Welches Land gewann die Fußball-Europameisterschaft im Jahr 2004 in einer überraschenden Wendung?
5. Welcher Fußballspieler erzielte das schnellste Tor in der Geschichte der Premier League?
6. Für welche Nationalmannschaft spielt Cristiano Ronaldo?
7. Welcher Club gewann die erste Ausgabe der FIFA-Klub-Weltmeisterschaft im Jahr 2000?
8. Welcher Spieler ist bekannt für seine 'Hand Gottes' im Viertelfinale der Weltmeisterschaft 1986?

Lösung:

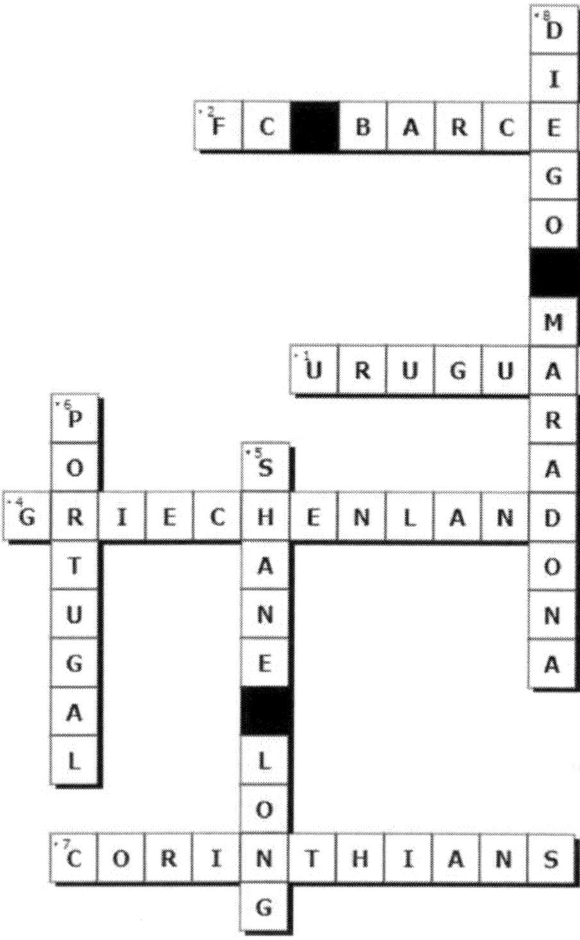

1 URUGUAY
2 FC BARCELONA
3 HARRY KANE
4 GRIECHENLAND
5 SHANE LONG
6 PORTUGAL
7 CORINTHIANS
8 DIEGO MARADONA

Haftungsausschluss

Die Informationen in diesem Buch "Das XXL Fußball EM 2024 Buch: Unnützes Wissen & Kuriose Fakten zur Fußball EM 2024 - Spielpläne, lustiges Fußball-Quiz, Rekorde & Peinliche Pannen" dienen ausschließlich zu Unterhaltungs- und Informationszwecken. Der Autor und der Verlag übernehmen keine Haftung für die Richtigkeit, Vollständigkeit oder Aktualität der Inhalte. Jegliche Handlungen, die aufgrund der in diesem Buch enthaltenen Informationen unternommen werden, erfolgen auf eigenes Risiko der Leserinnen und Leser. Es wird empfohlen, bei Bedarf professionelle Beratung oder zusätzliche Quellen heranzuziehen. Der Autor und der Verlag übernehmen keine Verantwortung für eventuelle Schäden oder Verluste, die durch die Verwendung der in diesem Buch enthaltenen Informationen entstehen könnten.

Printed in Poland
by Amazon Fulfillment
Poland Sp. z o.o., Wrocław

36532089R00075